"四有"明方向 "三全"育人才

——"三全育人"综合改革探索与实践

主　编　彭朝晖　罗婷劼　覃　媛

副主编　熊继芬　倪炳林　李　雯

　　　　刘　港　张舒铭

参　编　韦举成　于淑君

北　京

冶 金 工 业 出 版 社

2023

内 容 提 要

本书共分四章，主要内容包括科学标定：丰富"三全"内涵外延；理念创新：提出"四有"育人抓手；探索实践："四有"明方向、"三全"育人才；经验总结：密织育人经纬、齐奏育才乐章。

本书可供职业教育领域从事管理、研究和教学的教育决策者、研究人员和教师阅读。

图书在版编目（CIP）数据

"四有"明方向 "三全"育人才："三全育人"综合改革探索与实践/彭朝晖，罗婷劼，覃媛主编. —北京：冶金工业出版社，2023.5
ISBN 978-7-5024-9465-0

Ⅰ.①四… Ⅱ.①彭… ②罗… ③覃… Ⅲ.①高等学校—思想政治教育—研究—中国 Ⅳ.①G641

中国国家版本馆 CIP 数据核字（2023）第 060102 号

"四有"明方向 "三全"育人才

出版发行 冶金工业出版社		**电 话**	（010）64027926
地 址 北京市东城区嵩祝院北巷 39 号		**邮 编**	100009
网 址 www.mip1953.com		**电子信箱**	service@ mip1953.com

责任编辑 杜婷婷 **美术编辑** 彭子赫 **版式设计** 郑小利
责任校对 梅雨晴 **责任印制** 禹 蕊
北京建宏印刷有限公司印刷
2023 年 5 月第 1 版，2023 年 5 月第 1 次印刷
710mm×1000mm 1/16；11.25 印张；219 千字；173 页
定价 75.00 元

投稿电话 （010）64027932 **投稿信箱** tougao@cnmip.com.cn
营销中心电话 （010）64044283
冶金工业出版社天猫旗舰店 yjgycbs.tmall.com
（本书如有印装质量问题，本社营销中心负责退换）

前　　言

习近平总书记强调，要努力构建德智体美劳全面培养的教育体系，形成更高水平的人才培养体系。要把立德树人融入思想道德教育、文化知识教育、社会实践教育各环节。高校要努力把思想政治工作贯穿于教育教学全过程和各环节，形成"网络育人、心理育人、资助育人、课程育人、科研育人、实践育人、管理育人、服务育人、文化育人、组织育人"十项长效机制。

近年来，广西机电职业技术学院交通工程学院（以下简称"学院"）持续推进"三全育人"综合改革，紧扣立德树人根本任务，坚持不懈用习近平新时代中国特色社会主义思想铸魂育人，先后开展了以"四有"管理育人理念为基础、以"四项"实实在在的举措为平台、以"三全育人"改革试点为突破等一系列改革实践，引导学生在学思践悟中坚定理想信念，在奋发有为中践行初心使命，努力为实现"两个一百年"奋斗目标、实现中华民族伟大复兴的中国梦贡献智慧和力量。

学院坚持育人导向，突出思想引领，实施了"四有"管理育人理念。把坚定正确政治方向、坚定理想信念放在首位。坚持问题导向、注重精准施策，着力破解制约学校"三全育人"的重点难点问题和劣势弱项，开展了"三全育人"综合改革试点学院建设，不断提高学院思想政治工作的针对性、亲和力和实效性。创造性地提出了"有温度的教育管理、有内涵的教学改革、有创新的校企合作、有保障的条件改善"的"四有"管理育人理念，探索了学院教育模式改革，不断优化教育内容供给，创新工作载体。坚持协同联动，强化责任落实。建立"党建引领：坚持党的全面领导育人，特色为根：依托学校办学特色育人，教育为本：遵循职业教育规律育人，实践为基：探索改革创新育人"四项工作举措，制定了"三全育人"改革实施方案，明确学院"三全育人"工作台账、任务清单，加强考核评价，推动责任落实。坚持示范引领、谋求重点突破，开展了"三融"思路推进课程思政建设工程示范项目和"课程思政教学研究示范中心"项目申报建设，形成了一批具有示范性、推广性、可操作性的"三全育人"成果。经过不断地改革实践，学院在思想工作体系建设、育人模式创新、改革试点推广等方面取得了良好的成效，推动了各领域、各环节、各方面的育人资源协同、贯通与融合，原创了"四教同心圆"辅助诊改法为育人改革把脉开方，通过全院上下合力，密织"家庭-学校-企业（社会）"的育人经纬。

交通工程学院入选第一批广西壮族自治区高校"三全育人"综合改革示范院系，"'校企共建 联招共培'产业学院的实践与探索"入选2021年教育部产教融合校企合作典型案例，"基于'政校企'联动的'旺工淡学、二元四阶'校企合作育人模式的探索实践"入选机械行业职业教育产教融合校企合作典型案例。"错位-合并-转化-提升：职业院校'四有·三为'三全育人模式的探索实践"荣获2022年广西机电职业技术学院优秀教学成果奖。

新时代有新的课题，面临新的机遇和挑战。当今世界正经历百年未有之大变局，我国正处于实现中华民族伟大复兴的关键时期，高校"三全育人"教育要抓住机遇、应对挑战，做到因事而化、因时而进、因势而新，为培养社会主义的合格建设者和可靠接班人而不懈奋斗。

本书由广西机电职业技术学院彭朝晖、罗婷劼、覃媛任主编。具体编写分工为：第一章和第二章由彭朝晖编写，第三章由罗婷劼编写，第四章由覃媛编写。熊继芬、李雯负责第一章素材收集整理，刘港、张舒铭负责第二章素材收集整理，韦举成、倪炳林负责第三章素材收集整理，于淑君负责第四章素材收集整理。

由于编者水平所限，书中不妥之处，敬请广大读者批评指正。

编　者
2022 年 10 月

目　　录

第一章　科学标定：丰富"三全"内涵外延

中共中央、国务院在《关于加强和改进新形势下高校思想政治工作的意见》中提出了坚持全员全过程全方位育人（简称"三全育人"）的要求。

"三全育人"综合改革工作的总体目标，是以习近平新时代中国特色社会主义思想为指导，坚持和加强党对高校的全面领导，紧紧围绕立德树人根本任务，充分发挥中国特色社会主义教育的育人优势，以理想信念教育为核心，以社会主义核心价值观为引领，以全面提高人才培养能力为关键，切实提高工作亲和力和针对性，强化基础、突出重点、建立规范、落实责任，一体化构建内容完善、标准健全、运行科学、保障有力、成效显著的高校思想政治工作体系，使思想政治工作体系贯通学科体系、教学体系、教材体系、管理体系，形成全员全过程全方位育人格局。

第一节　标定"三全育人"

一、"三全育人"目的

围绕"三全育人"要求，高校要把立德树人作为根本任务，融入思想道德教育、文化知识教育、社会实践教育各环节，把思想政治工作贯穿教育教学全过程，把思想价值引领贯穿教育教学全过程和各环节，形成教书育人、科研育人、实践育人、管理育人、服务育人、文化育人、组织育人长效机制。

"培养什么人、怎样培养人、为谁培养人"是习近平总书记始终高度重视的根本问题。全国高校思想政治工作会议以来，习近平总书记提出一系列重要论断，多次强调"牢记为党育人、为国育才使命"，实现全员全程全方位育人。这要求我们不断深化"三全育人"改革，找准找好着力点，把立德树人根本任务落到实处。近年来，广西机电船业技术学院在"双高"院校建设中，以"三全育人"综合改革为抓手，系统化构建"三全育人"工作方案，制定考核指标体系，通过"强队伍、搭舞台、开路径"，大力培养德智体美劳全面发展的铁路时代新人，营造了"人人育人、时时育人、处处育人"的良好育人生态，有效提升了人才培养质量。

（一）打造三支队伍，唱响全员育人"合奏曲"

（1）锻造"融合体"思政队伍。实施"思政课教师队伍与辅导员队伍融合，思政教学与学生教育管理融合，思政课与'二课'结合，思政课教学与网络思政结合，思政课程与课程思政结合"的思政教育工作机制。思政课专任教师担任辅导员，全程参与学生教育管理，并出台专门文件提高其岗位津贴。制定辅导员职称评审制度，建设职业化、专业化的辅导员队伍。

（2）锻造"四有"教师队伍。实施"机制赋能、领军人才、双师提升、创新团队、借智发展"计划，引导全体教师争做"四有"好老师。定期举办青年党员教师政治培训班，开展师德师风教育和师德楷模评选等活动。任课教师把育人工作、创新创业教育、素质教育融入教学各个环节，确保各课程同向同行，形成协同效应。

（3）锻造"服务型"管理队伍。全面推进党建及思政工作纳入干部述职和考核，建立校领导及中层干部听课和联系班级制度，引导全体干部率先垂范、接地气、出实招。同时，加强党政管理人员、后勤保障人员的理论武装，激发育人意识。在工作中，贯彻"以学生为本"的办学理念，坚守爱岗敬业的职业精神，坚持负责到底的职业原则，全方位、多途径指引学生成长成才。

（二）筑牢四大阵地，绘制全过程育人"同心圆"

（1）筑牢课堂教学阵地，发挥"主渠道"作用。坚持"八个相统一"，推动思政理论课守正创新；改革课堂教学方式，构建学生自主参与、积极体验的课堂教学模式，不断增强思政课的思想性、理论性、针对性和亲和力。深入挖掘各不同课程的思政教育资源，从课程思政顶层设计、教改立项、教学大赛、案例征集、考核督导等方面系统化推进课程思政建设，夯实课堂主阵地，形成各门课程育人的协同效应。

（2）筑牢党校教育阵地，发挥"大熔炉"作用。实施党旗领航工程，系统构建"党建融入机制树核心、党建融入文化抓引领、党建融入红色强根基、党建融入教学提质量、党建融入实践验成效"的"五融"模式，全面提升育人水平。严格落实三级党组织书记、党员干部上党课制度；立足学生特点开展党校教育创新，坚持开展师生党员延安现场教学活动；针对顶岗实习学生，在企业一线建立临时党支部，确保学生党员教育不断线。

（3）筑牢实践育人阵地，发挥"加油站"作用。构建"校内外实训基地+红色基地+人文素养+创新创业+学生社团+假期实践+志愿服务"为载体的实践育人平台，为提升学生思想素质、全方位育人奠定坚实基础。充分发挥校史馆、校友风采长廊、红色文化长廊、工匠事迹展现等育人阵地功能，努力培养德智体美劳全面发展的社会主义建设者和接班人。

(4) 筑牢网络教育阵地，发挥"舆论效应"作用。加强校园网、微博、微信等网络阵地的建设与管理。成立网络信息安全工作领导小组，全面落实网络信息安全主体责任。制定新媒体建设与管理办法，明确新媒体平台的范畴、组织管理、审批制度、内容发布审核和信息安全等，完善组织架构及管理制度。打造"铁小匠"网络文化品牌，提升网络思政工作的吸引力、亲和力和感染力。出台网络思政工作奖励办法，优化成果评价，完善网络文化成果评价认证体系，把优秀网络文化成果列为教师职称评聘条件、作为师生评奖评优依据，充分调动全体教师参与网络思政工作的积极性。

(三) 实施六大工程，打好全方位育人"组合拳"

(1) 文化熏陶工程。学校坚持"校园文化传承铁路文化，开设专业突出机电匠心精神，实践教学强化机电一体化技能，工学结合依托机电设备企业，毕业学生奉献工匠事业"的鲜明办学特色，构建了以"机电人·精技·匠心"为核心的文化理念，激励师生奋勇拼搏、勇攀高峰。加强中华优秀传统文化教育，开展科技艺术节目及高雅艺术文化进校园等活动，打造"一院一品"特色文化品牌。

(2) 优良学风工程。学校坚持每个星期一全体师生举行升旗仪式、大一学生统一晚自习、全校统一作息时间、全宿舍统一内务标准的半军事化管理制度，加强日常管理，形成学生养成教育的长效机制。坚持学风督查和学习预警制度，针对学生学习方法不当和动力不足等问题，组建专业社团，成立学习兴趣小组，积极开展学习帮扶、学习竞赛、创先争优、科技活动等为主要内容的学风建设活动，同时不断落实、拓展奖学金激励机制。

(3) 榜样引领工程。加强学生骨干培养，开展团学干部培训班、"匠心"培训班、专题讲座等提升学生骨干业务能力。以优秀校友报告会、"十大歌赛"青春榜样评选等活动为引领，激励全体学生向榜样看齐，对标对表，成长成才。

(4) 传递温暖工程。坚持以"资助与励志结合、济困与育人结合、扶贫与就业结合"的帮扶理念，完善以学校奖学金、国家助学金、生源地贷款为主渠道，以勤工俭学、校友爱心奖学金、企业奖学金等为辅的资助体系。学校坚持开展教师帮扶学生的"一对一"结对帮扶活动。实施领导干部对接联系一个学院、一个班级、一个宿舍、一名青年教师、一名思政课教师、一名学生等的"六个一"联系制度，夯实帮扶责任，传递温情爱心。

(5) 心理阳光工程。加强心理教育与咨询工作，完善运行机制，建设集心理健康教育、咨询、治疗等多功能为一体的大学生心理健康教育中心。学校构建了"宿舍心理联络员—班级心理委员—学院心理工作站—学校心理健康教育中心"四级危机干预体系，并结合学校特色开设专业心理课，实现心理健康教育课程全校覆盖。

（6）公寓育人工程。在公寓文化建设中，学校紧紧围绕制度管理精细化、内务整理标准化、氛围营造企业化、思想教育常态化、活动开展主题化、服务学生亲情化的"六化建设"，形成健康、文明、整洁、和谐的公寓文化育人氛围。坚持开展党建、团建进公寓和辅导员进公寓、文明宿舍评比及公寓文化节活动。公寓育人全程浸润，使学生形成规律的生活习惯、良好的人际关系和过硬的铁军作风。

二、"三全育人"实践要求

深入学习领会习近平总书记有关重要讲话精神，进一步提高教育主体思想认识、促进教育环节无缝对接、协调教育资源有效整合，不断提增"三全育人"工作质效，提出了"三全育人"的具体实践要求。

（一）全员育人：必须做到全心全意真心真意

在 2022 年五四青年节即将到来之际，习近平总书记在中国人民大学考察时强调，"教育是一门'仁而爱人'的事业，有爱才有责任。"唯有爱的教育，才是真教育、好教育、最有力量的教育，才能充分而有效地发挥其育人功能，更好地承担起传播知识、传播思想、传播真理，塑造灵魂、塑造生命、塑造新人的时代重任，使学生在亲师信道的过程中成长为具有大爱大德大情怀的时代新人。

如果是半心半意、假心假意是难以完成育人使命的。只有做到全心全意、真心真意，才能真正成为让党放心、让人民满意的"人类灵魂工程师"。所谓"全心"，就是要始终秉承"捧着一颗心来，不带半根草去"的精神，以赤诚之心、奉献之心、仁爱之心投身教育事业；所谓"全意"，就是要始终执念围绕学生、关照学生、服务学生，不断提高学生思想水平、政治觉悟、道德品质、文化素养，让学生成为德才兼备、全面发展的人才。所谓"真心"，就是要始终坚持真功执教、真诚育人、真情奉献，彰显人民教师作为价值与信仰的引领者、文化与文明的传播者、学习与修身的示范者、爱心与责任的践行者的崇高精神追求。做"经师"和"人师"的统一者，做学生为学、为事、为人的大先生，以大道引人，以大智启人，以大德树人，以大爱育人，真正成为学生锤炼品格的引路人，成为学生学习知识的引路人，成为学生创新思维的引路人，成为学生奉献祖国的引路人；所谓"真意"，就是要始终不忘立德树人初心，牢记为党育人、为国育才使命，把握教育规律，厚植教育情怀，言为士则、行为世范，严爱相济、润己泽人，以坚定的理想信念、高尚的道德情操、扎实的学识素养和宽厚的仁爱之心为学生点亮理想的灯、照亮前行的路，发扬为民服务孺子牛、创新发展拓荒牛、艰苦奋斗老黄牛的精神，以"蜡炬成灰"的执着与追求、以"春蚕吐丝"的深情与奉献、以"甘为人梯"的品质与境界，把毕生的精力和心血都倾注于立德树人的崇高使命上，让每一位学子都能得到最合适、高品质的教育，让每一个学生都能收获健康成长、全面发展的喜悦，让每一个孩子都能享有成就梦想、人生出彩的机会。

（二）全程育人：必须做到善始善终善作善成

全程育人必须遵循教书育人规律和学生成长规律，做到因事而化、因时而进、因势而新，力求时、度、效的有机统一，实现稳、准、深的无缝衔接，满足不同时段、不同群体、不同诉求学生的发展需要，找准"育人"与"成才"的心理契合点、感情共鸣点、价值结合点，使育人的理念、育人的内容、育人的方式更容易为学生所感知所认同所接受，也更加符合学生的知识、能力、情感、品格、审美等全面发展的个性需求。

全程育人中的"善始"，就是要给大学新生上好进入大学第一课。讲清楚"什么是大学、为何上大学、为谁上大学、怎么上大学"，引导新生识读大学本质、厚植家国情怀、强化责任担当、适应大学生活，为新生入学起好步，为新生成长导好航，为新生成才奠好基，为新生幸福铺好路；全程育人中的"善终"，就是要为大学毕业生上好离校前"最后一课"。努力把毕业教育办成有高度的激励远行的一课，办成有深度的饱含期待的一课，办成有温度的延续关爱的一课，办成有厚度的赴时代之约的一课。勉励毕业生眼里有光、心中有梦、肩上有责、脚下有路，到祖国和人民最需要的地方去成就梦想，到党和国家事业发展的最前沿去砥砺奋进，用实际行动践行"请党放心，强国有我"青春誓言。全程育人中的"善作"，就是要既考虑学生从基础教育到高等教育跃升的有机衔接，过去缺什么，现在补什么；又考虑从新生入学教育到毕业生离校教育全程的系统贯穿，目标是什么，日常教什么；还考虑学生从"学校人"到"社会人"过渡的角色转换，今后做什么，全程导什么。概言之，就是要聚焦培养"有理想、有本领、有担当"时代新人总体目标，广泛深入地开展具有持续性、贯穿性、系统性和针对性的教育工作，力戒在学生成长的关键时期、重要节点的"教育虚位"，克服不同育人阶段之间系统关联的缺失。全程育人中的"善成"，就是要始终立足"两个大局"，心怀"国之大者"，紧紧围绕"培养什么人"的首要之问，"如何培养人"的关键之问，"为谁培养人"的核心之问，坚守为党育人、为国育才初心，以青年学生的健康成长、全面发展为核心，在坚定理想信念、厚植爱国情怀、加强品德修养、增长知识见识、培养奋斗精神、提升综合素质上下功夫，贯穿"价值引领、知识探究、能力建设、人格养成"四位一体的培养理念，落实德智体美劳"五育"并举的基本要求，坚持用习近平新时代中国特色社会主义思想教育人，用党的理想信念凝聚人，用社会主义核心价值观培育人，用中华民族伟大复兴历史使命激励人，教育引导青年学生用脚步丈量祖国大地，用眼睛发现中国精神，用耳朵倾听人民呼声，用内心感应时代脉搏，把对祖国血浓于水、与人民同呼吸共命运的情感贯穿于学业全过程、融汇在事业追求中，坚定不移听党话，矢志不渝跟党走，在勤奋学习中练就过硬本领，在创新创业中增长智慧才干，在艰苦奋斗中锤炼意志品质，用青春书写无愧于时代、无愧于历史的华彩篇章。

（三）全方位育人：必须做到同心同德同向同行

全方位育人，也即系统育人，旨在激发和凝聚体制原力、机制活力、要素潜力，彰显教育伟力，形成全社会、全体制、全机制、全时空、全要素的同心同德、同向同行的"系统育人"大格局。就高等学校系统而言，就是要充分发挥各种育人载体的优势，深入挖掘以网络育人、心理育人、资助育人、课程育人、科研育人、实践育人、管理育人、服务育人、文化育人、组织育人等为主要内容的"十大育人"要素，对在校大学生进行全方位教育与引导，并将立德树人贯穿融入其中，真正做到落细落实。

全方位育人中的"同心"，就是要始终站在党和国家事业发展的全局高度，站在实现中华民族伟大复兴的战略高度，站在统筹中华民族伟大复兴战略全局和世界百年未有之大变局的时代高度，站在"教育是国之大计，党之大计"的政治高度，站在培养社会主义建设者和接班人的使命高度统一思想认识，使"心"往"育人宗旨"一处想。全方位育人中的"同德"，就是要始终把坚定对马克思主义的信仰、对中国特色社会主义的信念和对实现中华民族伟大复兴中国梦的信心作为政治灵魂和精神支柱统一行动步调，使"劲"往"育人目标"一处使。筑牢信仰之基，更加自觉地用习近平新时代中国特色社会主义思想武装头脑、指导实践、推动工作，在学懂弄通做实上下功夫。坚定信念之魂，增强"四个意识"，坚定"四个自信"，做到"两个维护"，把立德树人成效作为检验学校一切工作的根本标准。增强信心之本，传承红色基因，永跟共产党走，自觉把个人理想融入实现中华民族伟大复兴中国梦的壮阔征程，把爱国奋斗的光荣传统弘扬在新时代高等教育使命担当的伟大实践中，以热爱与忠诚、执着与坚守、担当与奉献诠释人民教师的教育情怀，为建成社会主义现代化强国、实现中华民族伟大复兴中国梦贡献智慧和力量。全方位育人中的"同向"，就是要始终恪守"坚持育人导向、突出价值引领，坚持遵循规律、勇于改革创新，坚持问题导向、注重精准施策，坚持协同联动、强化责任落实"的基本原则，聚焦高校育人工作中存在的短板弱项，指向高校育人资源分散、系统合力不强等难点问题的有效破解，打通育人工作的盲区断点，联通育人工作的最初一公里，贯通育人工作的全过程，融通育人工作的最后一公里，使办学治校的价值取向、教书育人的目标指向和改革创新的实践方向始终赋予以彰显培养堪当民族复兴历史重任时代新人的意义，真正把各项工作的重心和目标落在育人效果上，不断提升治校育人能力与水平。全方位育人中的"同行"，就是要始终致力强化改革驱动、搭建工作平台、建强工作队伍、强化组织保障、加强督查落实，全面统筹办学治校各领域、教育教学各环节、人才培养各方面的育人资源和育人力量，强化"育人机制、育人主体、育人要素、育人载体"的整体协同，完善"全面保障、全员参与、全程融通、全域拓展"的一体化育人体系，统筹推进课程育人，着力加强科研育人，扎实推动实践育人，深入推进文化育人，创新推动网络育人，大力促进心理育人，切实强化管理育人，不断深化服务育人，全面推进资助育人，积极优化组织育人，加快构建高水平的高校人才培养体系，在培养社会主义建设者和接班人上更有作为，取得更大成效。

第二节　标定全员

习近平总书记指出："办好教育事业，家庭、学校、政府、社会都有责任。"教育涉及千家万户，要尊重教育规律，在政府引导下探索构建全员育人机制，发挥学校、家庭、社会各自优势，凝聚起强大育人合力。学校具有集中式、系统化、持续性进行思想政治教育的优势，思政课教师要发挥积极性、主动性、创造性，实现知识传授与价值引领同频共振，以学识能力和人格魅力教育感染学生。探索建立协同育人制度，创新育人方式，调动专业课教师、辅导员等育人主体的积极性，把教书与育人、言传与身教结合起来，在潜移默化中给学生以智慧启迪和精神力量。家庭是人生的第一所学校，家长作为孩子的第一任老师，要发挥好独特优势，培养孩子高尚道德情操、优秀文明素养、良好行为习惯，帮助孩子扣好人生第一粒扣子。推动社会资源支持和参与思想政治教育，专业社会组织、公共服务机构等应深挖育人元素，搭建育人平台，提供高质量公共产品和服务，共同担负学生成长成才的责任。

在"全员育人"的过程中，可以尝试把传统的道德教育转化为沉浸式的道德教育。相比于传统的说教式道德教育方式，沉浸式的道德教育既可以避免说教式的道德教育引起学生反感的倾向，又可以把外化的道德教育转化为内化的道德教育，并使环境的隐性教育作用充分发挥出来，收到潜移默化的效果。一方面，学校教育要在全部课程中渗透育人教育。学校教育必须摒弃那种将知识传授、道德培养相分离的教育理念，实现由"教书育人"向"育人教书"的转变。把道德教育渗透到每门课程的教学中，全部课程都发挥着育人的功能。另一方面，在学校工作的实践中渗透道德教育。教师在教学中要以严谨的治学态度、高尚的道德准则，良好的精神风貌，端庄的仪表面对学生，时时以身作则，处处为人师表，教育和引导学生树立正确的世界观和人生观。学校的管理部门要把握正确的教育方向，制定合理的育人方案，组织和实施育人工作；同时要不断提高管理者的素质和水平，健全各项管理制度，以实际行动优化育人环境：各级管理者要立足本职，勇于开拓，不断提高管理者的素质和水平，健全各项管理制度，以实际行动优化育人环境；各级管理者要立足本职，勇于开拓，不断创新，改进工作作风，提高工作效率，在工作中率先垂范，严以律己，廉洁奉公，作学生的表率和楷模。学校从事服务工作的广大教职工，要为学校的育人创造优美的环境，提供后勤保障和服务，要以自己的优质服务和模范行为，在思想、道德、纪律等方面感染学生，使学生养成勤俭节约、爱护公物、热爱劳动的良好习惯。

人才培养，教师为本。强化全员育人意识，就是让服务学生成长发展成为每位教职工的第一职责，成为每位教职工的思想和行动自觉。广西机电职业技术学院从以下几方面加强教师队伍建设，落实全员育人责任。

一、强化教职工职业发展的育人导向

（1）将育人导向融入学校人事制度改革。学校推出人事制度综合改革方案，将育人导向融入改革各环节。在校内人才计划岗位评聘过程中，将教育教学要求作为人才选拔的重要依据，从教学水平、人才培养、教学研究、教学改革及教学成果等方面全面考察申请人的育人能力。在人才计划岗位聘任合同中，强化教书育人职责，在高素质拔尖创新人才培养、人才培养体系建设、人才培养模式改革、精品课程和精品教材建设等方面设定考核指标。各二级学院根据改革总体要求及岗位职责等制定详细实施方案，进一步明确教师育人要求。

（2）将育人导向融入专业技术职务评聘。学校出台《关于加强推进专业技术职务分类评价体系建设的指导意见》，将思想政治表现和育人功能发挥作为首要评价指标，突出思政教育评价，完善教学业绩评价，强化科研育人评价，重视国际交流合作与社会服务育人评价，树立以立德树人为中心的评价导向。组织院级单位及各专业技术系列结合自身特点持续修订评价体系，以职业属性、学科特点、岗位需求为基础，加大教书育人业绩考查权重，引导各类教职工将更多精力投入育人工作上。以修订职称评聘文本为落脚点，设立人才培养专门模块，全面丰富育人业绩观测点。

（3）将育人导向融入院级单位绩效考核。学校在院级单位绩效考核体系中持续体现育人导向。进一步优化院级单位绩效业绩考核评价体系，对教育教学方面予以保证，拟在学院业绩考核评价体系中，本科生人才培养、研究生人才培养等教育教学方面的权重不断上升，把课堂教学、教学改革、教学质量、人才培养质量作为学院业绩评价的重要指标。对于完成教学课时量突出的二级学院，在绩效分配时予以适当倾斜。与马克思主义学院和学工部协同，做好思政课教师岗位奖励绩效和辅导员岗位绩效的发放工作，促进育人水平提升。

二、持续推进师德师风建设

（1）加强师德师风制度建设。学校深入贯彻落实全国高校思想政治工作会议和全国教育大会精神，成立教师思政工作小组，明确教师思政工作体系，形成学校党委统一领导，党政齐抓共管、多级联动的教师思想政治工作格局。研究出台师德考核工作系列制度文件，通过严把"入口关""日常关"，将师德考核融入教师招聘、年度考核、职称评聘、岗位聘任、推优评先等职业发展全过程。

（2）加强师德文化建设。学校于2022年发布新时代《师德公约》，总结凝练新时期党和国家对教师队伍建设的期望与要求，强化全员育人责任意识。《师德公约》与"四有"好老师标准呼应，通过公约引导教师深入思考"如何坚守职业初心，如何践行育人使命"。学校通过组建"师德宣讲团"，定期组织开展师德大讲堂，以帮助全体教职工深刻理解《师德公约》的师德要求和思想内涵，促进全校教职工理论学习常态化，传递师德正能量，进一步营造浓厚的师德文化氛围。

（3）加强师德宣传引导。近年来，学校通过组织开展"全国教书育人楷模""创业创新教师团队""我心目中的好老师""十佳杰出青年（教工）"等奖项遴选推优工作，树立了一批优秀教师典型，同时通过校内广泛宣传，积极营造氛围，大力弘扬优秀师德师风。此外，学校通过进一步加强师德失范案例库建设，定期组织开展师德师风警示教育活动，建立校、院、支部三级警示教育的常态化全覆盖机制，引导广大教师汲取反面典型的深刻教训，牢固树立底线意识。

三、优化教师职业培训体系

（1）加强师资培训工作顶层设计。学校全面落实"高校教师要坚持教育者先受教育"要求，依托教师发展中心不断健全师资培训工作统筹协调机制，优化校院两级师资培训体系，在培训课程资源开发、培训项目组织开展和系统技术维护保障等方面强化分工协作，将育人导向融入师资培训体系建设中。学校注重校内研修和校外实践相结合的方式开展培训工作，把教师育人能力的培养和提升摆在重要位置，以多元化的培训推动学习效果走深走实。在疫情防控期间，学校积极推进"互联网+"时代的教师教育创新，注重优化师资培训课程平台，同步丰富线上课程与线下课程，确保师资培训重质重效，保证师资培训工作平稳、有序、规范开展。

（2）加强师资培训课程体系建设。近年来，学校教师发展中心各成员单位通力合作，致力于建设内容丰富、形式多样的课程资源，并已初步形成涵盖思政教育、发展理念、职业能力、健康管理、双创教育五大培训模块的师资培训课程体系。学校特别注重加强教师的理论学习，持续丰富教师思政教育培训资源。目前，已形成包括师德师风典型教育、思想政治理论教育和世情国情党情教育等三个子模块的教师思政课程库，涉及相关师资培训课程已达135门，有助于全体教职工不断加强理论学习，提升师德素养。

四、交通工程学院丰富"全员育人"的内涵外延

交通工程学院指出，"全员育人"强调人人都是育人工作者，作为育人主体的"全员"，不仅应当包括参与育人工作的学院党政领导干部、各职能部门工作人员、学院专兼职教师、辅导员，也应包括企业一线指导教师、提供后勤配套服务的全体人员，如宿管员、后勤服务人员、安保人员等。与此同时，"全员育人"还离不开学生家长的积极参与和主动配合。教书、管理、服务同育人是一个整体，不可分割，它体现了系统育人的思想，是教书育人、管理育人、服务育人在时间和形式上的有机统一。

（1）首先是以师德师风建设强化育人职责。优化师德考核工作机制，加强师德问题隐患排查和危机干预力度，出台《教职工日常行为规范》《师德失范行为处理操作细则》等文件；持续组织开展二级学院师德大讲堂活动，逐步完善"二级学院师德宣讲团"特聘专家库，充分发挥师德涵养平台作用；建立校二级学院、支部两级警示教育的常态化全覆盖机制，加强师德失范案例库建设；完善校级教师奖励体系，出台《交通工程学院教职工奖励体系实施办法》，增强教职工立德树人、教书育人的责任感和荣誉感。

（2）以教师评价改革完善育人机制。贯彻落实学校《深化新时代教育评价改革总体方案》，聚焦育人质量提升，坚持把立德树人成效作为根本标准，改革教师考核评价，加强对考核评价结果的运用。继续在全校范围内全面推进人事制度综合改革，完善二级教师职业发展体系，加强对教师教学质量要求和科研育人要求；按照分类评价体系建设指导意见，继续推动各专业技术系列职称评估文本修订工作，引导积极履行"全员育人"职责；结合学校绩效管理方案完善工作，根据业务部门意见对学院业绩评价体系进行优化，在绩效管理中坚持和突出教育教学相关工作。

第三节　标定全过程

一、标定全过程（时间）

思想政治教育要坚持从人才成长规律出发，针对不同年龄段学生特点和需求，采取与之相适应的教学方式，突出教学重点，在小学、中学、大学循序渐进地开设思政课，培养一代又一代拥护中国共产党领导和社会主义制度、立志为中国特色社会主义事业奋斗终生的有用人才。小学阶段对一个人健全人格和优良品德的形成起着基础性作用，应在培育道德情感上着力，通过开展爱国情怀和优秀传统文化教育，引导学生形成爱党、爱国、爱社会主义、爱人民、爱集体的情感。中学阶段是一个人世界观、人生观、价值观形成的重要阶段，应通过开展体验式学习，培养学生的价值认知能力，强化学生做社会主义建设者和接班人的思想意识和政治认同，打牢思想基础、提升政治素养。大学阶段是学生专业知识的储备期，也是世界观、人生观、价值观塑造的关键阶段。应把强化使命担当作为重点，教育学生正确认识世界、全面了解国情、把握时代大势，提高分析问题、明辨是非和价值判断能力，引导学生矢志不渝听党话、跟党走，把个人理想与国家发展、民族命运结合起来，争做社会主义合格建设者和可靠接班人。

二、交通工程学院丰富"全过程"育人的内涵外延

广西机电职业技术学院遵循职业教育规律和技能人才成长规律，将思想政治工作融入教育教学全过程与学生成长全过程。通过思路创优、师资创优、教材创优、教法创优、机制创优、环境创优，扎实开展实践教学，善用"大思政课"，把思政课讲深讲透讲活，打造新时代思政"金课"，发挥其在立德树人中的关键课程作用。成立课程思政教研机构，建立思政课教师与专业课教师联合教研机制，共同挖掘思政元素，建设一批课程思政示范院（系）、示范课程，明确每门课程的育人功能、每位教师的育人职责，实现专业课程与思政课程同向同行、同频共振。根据不同学段，开展各有侧重的日常思想政治教育，构建"年年有创新，学年有重点，学期有计划，月月有主题，周周有活动，天天都精彩"的活动育人体系，思想政治教育贯穿学生整个在校学习生活。

交通工程学院意识到，育人作为一项长期工作，不能一蹴而就，对于学院来说，"全过程"应当理解为实施人才培养从过去、现在到未来的相对较长、相对稳定的一个连续的"时间轴"；对于单个学生来说，"全过程"又应当理解为从入校到毕业整个学习成长的始终；同时，考虑到育人工作的持续性、长期性，一方面学院应顺应招生形势的变化（招收中职生的比例逐年递增），为此学院牵头成立了县级职校汽车专业发展联盟，主动将育人标准植入送生的各中职学校，积极探索"中高渗透"的路径与方法；另一方面，学院又通过"汽车校友之家"信息交流互动平台，对毕业学生进行持续跟踪与再指导、再教育，主动探索"终身教育"的有效实施方法，同时试图通过培养出更多的优秀校友来影响在校学生，从而达到全程育人的目标。

第四节　标定全方位

一、标定全方位（空间或地点）

提升思政课实效、实现学生全面发展，需要各门课程、各个环节协同发力。要遵循教学规律，发挥课堂教学的主渠道作用，不断增强思政课的思想性、理论性和亲和力、针对性。面对错综复杂的国内外形势，要以透彻的学理分析说服人，以高超的教学艺术引导人，不断增强学生对马克思主义的信仰、对中国特色社会主义的信念和对实现中华民族伟大复兴中国梦的信心。挖掘其他课程和教学活动中蕴含的思政资源，根据不同课程特色，合理嵌入育人要素，进行主流价值引领，使各类课程与思政课同向同行，形成协同效应。教学育人环节间的协同，对于推进思想政治教育至关重要。应把思政小课堂与社会大课堂、理论教学与实践教学结合起来，引导学生走出校门、接触社会、了解国情，在实践锻炼中积累智慧、在社会熔炉中锻造品格、在搏击风浪中增长才干，做到学以致用、用以促学，实现知、情、意、行有机统一，培养担当民族复兴大任的时代新人，培养德智体美劳全面发展的社会主义建设者和接班人。

二、交通工程学院丰富"全方位"育人的内涵外延

广西机电职业技术学院深耕全方位育人有机联动。重视文化育人，通过整体规划校园环境，建设美丽校园、温馨校园，使一草一木、一花一石都承载育人功能；通过开展校史、校训、校徽、校歌教育，让校风校训蕴含的传统文化内涵、时代精神、价值理念滋养学生心灵；通过建设专业场馆，彰显办学特色、专业特色，融专业教育与文化教育于一体；通过开展丰富多彩的校园文化活动，寓教于乐，课内教育与课外教育有机融合。成立新媒体中心，建设师生网络工作队伍，鼓励师生创作网络文化精品，通过网络展示脱贫攻坚的伟大成就、疫情防控中涌现出的时代楷模和学生们身边可敬、可爱、可学的榜样，扎实开展网络思想政治教育，凸显思想政治教育的时代特色。职业院校还普遍开展与企业联合育人，搭建家校联络平台，实现校企联动、家校联动，拓展育人空间，增强育人效果。

交通工程学院认为"全方位"育人不仅要求我们在育人场所上充分利用物理空间或物理方位实施育人，更要求我们在追求育人效果的维度上达到"德""技"并修。

教育的本质是"立德树人"，教师应转变教育观念，以人为本，着眼于学生的全面发展，使所有学生以及学生的各个方面都获得尽可能地发展。使个体通过教育能生活得有尊严和幸福，使个体通过教育提高思想品德和才能，能够为社会

和他人做出有价值的贡献。

　　例如，德育工作是辅导员工作中必不可少的一块，每周的班会课就被当成德育的主要战场。但这种"专门"的德育太刻意，当学生已经知道你这节课就是要开展思想教育的时候，效果其实是有限的。就好像你遇上了推销员，一开始就很清楚他的目的是想让你花钱，哪怕他的话说得再好听，你也很难不去怀疑其真实性。教育应该是"潜移默化"，所以德育应该在平时，而不只是在班会课上。班主任老师可以充分利用晨诵、午读时间，运用多种形式对学生进行德育教育。在饭堂，在宿舍，在运动场等任何场所都可以开展有效的德育工作。

第二章 理念创新：提出"四有"育人抓手

为全面实施素质教育，加强新课程改革，提升学校办学水平，贯彻落实特色学校建设的文件精神，在全校实施"管理育人、课程育人、科研育人、实践育人、文化育人、网络育人、心理育人、服务育人、资助育人"十大主要育人方式的"全员育人、全程育人、全方位育人"的基础上，交通工程学院构筑起学生全面发展的育人环境，形成"和学生一起成长，做幸福教师"的浓厚氛围，探索出"有温度的教育管理""有内涵的教学改革""有创新的校企合作""有保障的条件改善"的"四有"育人抓手。交通工程学院主动立足新形势、新发展，坚持以新思政观引领改革为抓手，积极推动"三全育人"综合改革。

第一节 有温度的教育管理

随着高职扩招，大学生群体出现了生源结构的复杂多样性的新特点，学生的知识结构、能力素质、学习意愿和个性发展诉求差异较大，因此，需不断优化教育教学管理方法，不断创新人才培养模式，努力提高人才培养质量。应积极主动顺应学情变化，扎实做好网络育人、心理育人、资助育人等相关工作，切实把解决学生思想问题同解决实际问题结合起来，在关心学生、帮助学生的过程中教育学生、引导学生，健全学生人格。

一、网络育人

网络育人不是新鲜事，但如何发挥网络育人的作用却是教育者们探索的问题。据不完全统计，现在学校借助网络方式实现"家校通"加强育人，已经是一个普遍方式，主要有电话、手机短信、博客、QQ群、BBS（电子公告板）等，在这些形式中，各有各的优势。从"家校通"达到家长尽最大可能了解学校、班级、学生的学习生活情况，并加强育人来看，博客形式最好。

学校对学生的教育主要包括班级集体教育和个别学生教育，个别学生教育的特点是有时还要考虑教育内容的保密性，主要通过电话、QQ、家访等形式。班级集体教育通常我们会认为只有在学校进行，主体是教师、班主任，其实，优良班风学风的形成除了老师这个重要角色以外，还有家长，而家长不可能经常参与到课堂上来，对班级情况的了解也有限。所以，班级博客便是家长参与班级建设的一个非常好的平台，班级博客也就成为老师、学生、家长共同建设的一个精神家园。

随着互联网的迅猛发展，网络对当代青少年学生的思想观念和价值取向产生着深刻而复杂的影响。学生既是网络教育的接收客体，同时也是网络育人的主体，学院充分发挥学生党员、学生会、团委等学生骨干力量，组建学生网上学习小组，以集中学习、小组讨论、互动交流等形式，让学生在形神兼备的体验中完成育人与育己。

目前，网络已经成为高校思想政治工作的重要阵地，许多新情况、新问题因为网络的高速发展应运而生，迫切需要我们运用新媒体技术，推动传统育人模式与新兴信息技术相融合，构建新时代高校网络育人体系，充分发挥网络育人功能。

为了坚持党对高校的领导，加强和改进思想政治工作，培养中国特色社会主义合格建设者和可靠接班人，中共中央、国务院印发了《关于加强和改进新形势下高校思想政治工作的意见》，提出要"强化网络育人，大力创新推动网络思想政治工作"。在教育部发布的《高校思想政治工作质量提升工程实施纲要》中，明确要求高校"创新推动网络育人"，提出要"加强校园网络文化建设与管理，拓展网络平台，丰富网络内容，建强网络队伍，净化网络空间，优化成果评价，推动思想政治工作传统优势同信息技术高度融合，引导师生强化网络意识，树立网络思维，提升网络文明素养，创作网络文化产品，传播主旋律、弘扬正能量，守护好网络精神家园"的重要任务。

交通工程学院积极发挥网络育人优势，并针对学生的个性化发展，扎实做到线上育人和线下育人无缝对接。

（一）建立网络素养教育长效机制

1. 引导师生增强网络安全意识，遵守网络行为规范

通过二级中心组和学生班团会，积极培育广大师生对网络有害行为的辨识能力，增强师生在网络使用过程中的自我保护意识以及保护他人的意识。教育引导师生自觉遵守网络行为规范，自媒体运营、网络发帖、网络评论必须遵守互联网相关法律规定。学校法制办加强互联网法律法规的普法教育，提高师生互联网法律意识。拓展网络教育平台，结合专业特点开发网络教育相关软件。积极拓展网络教育平台，充分发挥易班、微信、微博、QQ、公众号等新媒体矩阵作用，有效占领网络教育阵地，聚合发声。结合学校专业特点，组织开发网络教育相关软件，增强网络思想政治教育的覆盖面。开展网络文化建设活动。结合学校网络教育平台，组织开展大学生网文作品征集、摄影作品展示、微电影作品展演、网络法律知识竞赛等网络文化建设活动。组织开展"国家网络安全宣传周"活动，

提高大学生网络素养。将遵守网络行为规范纳入师生考核评定的参考指标；结合国家相关法律法规学习，进一步开展网络安全意识教育，倡导遵守网络行业规范的良好风尚；通过开展专题网络评比活动引导师生养成网络安全文明和规范意识行为；根据网络技术发展及使用最新情况，持续开展网络安全教育和网络文明教育，适应新形势发展，形成长效机制。

2. 拓展网络教育平台，结合专业特点开发网络教育相关软件，开展网络文化建设活动

针对疫情防控要求，积极开展网络教育教学，科学做好学生的思想教育、专业教学、管理服务等各项工作，切实做到关心不断线、教育不放松、管理不断档、服务不止步、指导不脱节；推动学院网站全新改版，严守意识形态主阵地，以网站建设为基础，以班级 QQ 群、微信群规范管理为抓手，不断优化网络育人新阵地；通过充分打造"自治区级精品在线课程""校级精品在线课程"等网络学习载体，开好思政课，积极构建平安院系、和谐院系、温情院系，推动铸魂育人取得新成效。申报采购网络教育相关软件；开设网络安全、文明、规范相关网络公选课；根据自身优势和特色，建设精品在线开放课程，打造线上线下混合式教学"金课"，适应学生多元化需求。积极利用"两微一端"开展"大学生网络文化节"活动；举办"网络育人优秀作品评选""网络文明进校园"等网络文化建设主题活动，营造良好的网络文化环境。

（二）健全网络文化成果评价认定制度

优秀网络文化成果要以习近平新时代中国特色社会主义思想为指导，坚持和巩固社会主义主流意识形态的主导地位，传承先进文化理念，抵制不良思想渗透侵蚀，牢牢掌握高校意识形态工作的主动权、主导权和管理权。有力推动思想政治工作传统优势同信息技术高度融合，鼓励网络正面发声，传播弘扬正能量，繁荣集思想性、服务性、影响力于一体的网络文化，服务大局、澄清谬误、明辨是非，为加强和改进思想政治工作，实现中华民族伟大复兴的中国梦奠定坚实基础，使网络成为弘扬主旋律、传播正能量和提升学校办学声誉的重要载体。

优秀网络文化成果的认定原则如下。

（1）坚持正确的政治方向。必须坚持以习近平新时代中国特色社会主义思想为指导，坚持党管意识形态，营造风清气正的网络环境，以有利于加强和改进党对高校的全面领导，有利于巩固马克思主义在高校的指导地位，有利于更好地把师生凝聚在党的周围，有利于深化落实"四个服务"为创作原则。

（2）坚持正确的价值取向。必须牢牢把握培育和践行社会主义核心价值观，将是否在作品中融入社会主义核心价值观，是否有利于增强中国特色社会主义道路自信、理论自信、制度自信、文化自信作为优秀网络文化成果评价认定的重要

标准。

（3）坚持正确的学术导向。将常规的学术成果创造性地转换成网上可读、具有教育性和启发性的作品，既要有理论深度，又要契合网络特点；语言风格要适应网民的特点，做到以理服人，以情感人。

（4）遵守国家有关网络安全法律法规，共建健康、安全、和谐网络环境。交通工程学院推动将优秀网络文化成果纳入院系科研成果统计、列为教师职务职称评聘条件、作为师生评奖评优依据。优秀网络原创文章（不少于1000字）在中央级媒体、省级媒体、市级媒体的网站及其"官方微博、官方微信、官方移动客户端"（以下简称"两微一端"）发布，并产生重大影响、形成重大网络传播（不少于5家主流媒体转载，或者阅读数达到5万）的作品，可向学校申报C类核心、D类核心及一般刊物刊发文章。在奖学金评定条例及大学生素质综合测评办法中，体现了对网络文化成果认定及奖励相关内容；通过"互联网+"创新创业大赛等比赛、活动，开展优秀网络文化成果建设；制订学院网络文化成果评价认证办法，优化成果评价；将优秀网络文化成果纳入科研成果统计，列为教师职称晋升、岗位和职务评聘条件，作为师生奖评优依据；对获得网络文化成果的学生给予奖学金和第二课堂加分奖励。

（三）探索网络育人工作量认定办法

制订"网络骨干培养"计划，培养网监员、网评员、网络管理应急队伍、网络文明志愿者队伍。加强师生网络素养教育，开展网络素质培训，引导师生增强网络安全意识，遵守网络行为规范，养成文明网络生活方式。动员引导学术大师、教学名师、优秀导师、辅导员、班主任开展网络育人工作，鼓励青年教师、管理干部通过微博、微信、个人专栏、网络直播等开展思想政治教育。

积极开展、参加网络文化节，推进网络文化建设。制定网络文化成果评价办法，探索将网络文化成果纳入学生科研成果考核、评奖评优依据，探索网络育人工作量核定和网络成果认定评优工作。将师生遵守网络纪律纳入师德师风考核和学生综合测评。

交通工程学院有专人牵头负责网络力量培养，把网络育人工作计入工作量。由一位副院长指导学院网站建设，网站内容丰富全面；设有网络管理中心，配备一定数量的网络技术、管理人员，为教师提供业务培训指导；依托信息技术学院教学力量，开展网络技术教学；建有学院微信公众号，各班级建有QQ群，由学生骨干进行管理；通过计算机、网络学生社团及协会，开展网络技术推广及服务活动；鼓励教师积极开展在线课程、翻转课堂教学，制订网络育人工作量认定办法；通过将网络育人工作纳入工作量计算范畴，引导教职工拓展育人工作时间与空间，提升育人成效；安排专人负责学院宣传、运营及优化更新，并将方案策划、方案撰写等计入教学工作量中；构建网站、微信、微博、视频、手机客户端等平台融合发展网络思政体系，计入工作量；学院团委开展学院网络力量培养工作，打造新媒体和网络教育梯队，定期开展相关培训，提升业务技能。

二、心理育人

心理健康教育是学生健康成长的基石。在新时代"三全育人"大背景下，如何更新理念、创新路径，强化"三全"心理育人工作、提升育人实效，是各大高校思想政治工作的一个重要课题。心理育人是一个"自助-互助-他助"的过程，这决定了其工作队伍必然是"全员性"的，多元育人主体应各负其责、合作联动。

（一）树立育心与育德相结合的育人理念

（1）明确"立德树人"心理育人总目标，在育人过程中加强对学生思想和价值观的引导，使其将个人成就与国家发展需求紧密联系起来，鼓励学生在对社会的担当奉献中感受快乐、实现自我价值。

（2）发挥多元心理育人主体作用。建立以学生自我教育为基础，学生朋辈互助力量为辅助，心理健康中心专兼职队伍为骨干，辅导员、班主任为主力军，全体教师和后勤服务人员、管理人员为补充的多元化心理育人共同体。强调"学生是自己心理健康第一责任人"，加强朋辈互助队伍"心理问题识别"与"心理疏导陪伴技巧"等训练，发挥辅导员、班主任在思想教育和价值引领方面的作用，推进学科专任教师心理育人能力的培养，凸显管理与后勤服务人员对学生的人文关怀，形成良好育人合力。

（3）建设"家-校-社"心理育人联盟。建立常态化"家-校"沟通机制，及时了解学生心理状况，引导家长树立正确的心理育人理念；开通"校-医"绿色通道，与社会心理服务机构、社区合作，形成全覆盖心理育人联动格局。

（二）构建发展性全过程心理育人内容体系

全过程心理育人须遵循学生心理发展规律，因时因需规划育人主题，将育人工作融入大学生成长的各个时期。

（1）大一适应准备期。在学生接到录取通知书入校前，通过完成学校学生信息管理系统中"家校共育信息卡"，掌握学生个人及其家庭的基本情况，了解学生入校前心理发展状态；入学后，主要围绕适应大学学习和生活、建立新的人际关系、探索专业兴趣等心理育人主题，通过开展心理第一课、破冰之旅、心理普查、自我探索主题班会等，指导学生完成从高中生到大学生的角色转变。

（2）大二稳定发展期。主要围绕提高专业能力、提升综合素质、发展亲密关系、培育"爱校荣校""爱农兴农"家国情怀等心理育人主题，通过普及心理健康知识、开展"阳光成长"系列活动、亲子心理咨询、体验式第二课堂等，全面引领和促进学生建立理性平和、积极向上的健康心态，培养责任和担当意识。

（3）大三趋于成熟期。主要围绕正确做好未来规划、调适学业就业压力、如何科学决策、积极面对毕业分离等心理育人主题，通过开展毕业班离校团体心理辅导、毕业系列主题讲座、毕业生个性化心理测试服务等，帮助毕业生稳定心态、激发潜能、积极面对未来。在学生毕业后，通过电话回访、走访探望，了解学生毕业后的心理适应状况，给予暖心的心理支持。

（三）形成立体化全方位心理育人协同矩阵

心理育人不是孤立的"点"，是立体的"面"。应充分融合各育人体系、联动各育人载体，最大限度发挥协同效用。

（1）心理育人与其他育人体系相融合。把心理育人工作有机融入课程、服务、文化、资助等其他育人体系，使育人要素同向而行：在课程育人中，整合专业教学目标与学生心理素质提升目标开展教学设计；在服务育人中，建设宿舍楼栋辅导员工作室，使学生在轻松愉悦的氛围中接受思想熏陶和心灵滋养；在文化育人中，通过举办各类"农"文化活动，引导学生树立"爱农、兴农"正确价值观、理性对待荣誉和挫折等。

（2）线上线下心理育人载体相联动。开发以心理育人为主题，符合大学特色、贴近心理需求的微课堂、微电影、微动漫等互联网媒体资源，开创心理育人官方微信公众号、网站和微博，开展线上心理咨询预约，建设智慧心理信息平台，与线下心理中心建设、教育活动开展、心理课堂教学、心理咨询服务联动起来，增强心理育人吸引力，提升心理育人成效。

（3）专业教学与实践课堂相贯通。推进专业教学与实践课堂融会贯通，在开设好心理健康教育必修课的基础上，将心理育人与德育、智育、美育、体育、劳育实践活动结合起来，通过开展体验式第二课堂活动，培育学生积极向上的健康心态，促进学生全面发展。

（4）大力开展推行网络育人实施方式方法。开展学院网络信息化建设利用提升工程，推进毕业设计管理、语言类课程答疑、信息资料管理、政治理论学习、创新创业项目管理等系统建设优化、使用推广，提高工作效率和信息公开，为师生提供优质高效服务。努力培育国家级精品课程"数据结构"，总结该课程慕课建设经验，引导教师进入教学团队，协作开放建设网络课程，推进课堂教育模式改革，将线上线下学习有机结合，提高课程教学效果。主要措施有：

1）通过讲座、培训、知识竞赛、大学生心理健康课、微信心理栏目等向学生普及心理健康知识、心理调节技能和心理咨询意义，使心理健康教育重要性深入师生的意识，实现心理健康知识教育全覆盖；

2）构建工作平台，依托学校二级心理咨询站和学院"艺文箱庭"心理工作坊，健全院级心理危机干预和心理咨询机制，建立心理咨询师和辅导员值班制，开展心理咨询、谈心谈话、心理游戏、箱庭疗法等工作；

3）加强心理健康教育实践活动，以宿舍、班级为单位，举办"5·25"大学生心理健康节系列活动，培育心理健康教育精品项目；

4）充分利用网络新媒体，营造心理健康教育良好氛围，提高师生心理健康保健意识，加强院心理精品活动项目宣传，提升学院心理健康育人的知名度；

5）加强心理委员、心理自助组织成员的培训和指导，提升学生干部的心理服务能力，增加辅导员工作深度和广度；

6）定期开展心理排查，适当应用"中国大学生心理健康筛查量表"和"中国大学生心理健康网络测评系统"，建立完善在校学生心理健康档案；

7）加强心理危机干预，针对心理测评级别较高对象，分级分策对待，推进心理帮扶力度，进行朋辈帮扶、同学陪伴、家校联系、辅导员咨询等心理疏导；

8）完善心理预警防控体系建设，形成科学的心理危机干预工作预案，畅通转介诊疗渠道，理清学生心理危机事件应急处理机制；

9）辅导员队伍每学期进行1次对外交流和对内研讨，与校级心理工作站及其他学院心理工作室等保持联系，请心理专家分析研究个别案例，提升理论和实践水平。

（四）交通工程学院心理育人举措

交通工程学院以"三全育人"综合试点改革为契机，创新心理健康宣传途径、强化心理健康咨询服务、定期开展心理测试、做好心理问题学生排查，将育心与育德相结合，着力培养师生良好健康心态。高度重视学生心理健康教育与咨询服务工作，积极立足当前高职扩招后的学情及大学生心理特点，充分发挥学校、学院、专业教研室、班级、宿舍五级大学生心理健康教育工作网络体系优势，坚持育心与育德相结合，加强对大学生尤其是大一新生、跟岗实习学生、顶岗实习学生的人文关怀和心理疏导。同时，充分发挥课堂教学在心理健康教育中的思政教育作用，加强心理危机干预，积极开展学生心理健康普查。不断加强专业化队伍建设，加强心理干预业务技能培训，积极推行温情化的心理健康服务，通过开展"5·25"心理健康宣传活动月系列活动，让学生树立端正的人生态度，感受青春正能量，推动学生全面成长成才。

1. 建立心理健康教育长效机制

广西机电职业技术学院本着教育为主、及时干预、跟踪服务的原则，建立了心理危机三级预警防控体系，制定了学生心理危机干预工作的具体措施，畅通了学生心理危机的早期预警通道，对学习困难学生、经济困难学生、适应困难学生、突然遭受重大打击的学生给予特别关注，能够随时掌握心理危机学生的心理状况。

交通工程学院针对学校的预警防控体系建立了院系、班级、宿舍"三级"预警防控体系，有心理危机干预预案。开展学生一对一谈话进行心理筛查；定期开展在校生心理排查危机干预；新冠疫情下了解学生心理情况，组织学生参加心理健康状况排查；每个月班级心理委员上报排查表，按时反馈上报心理中心学生心理情况。加强对心理咨询制度的宣传，健全院系、班级、宿舍"三级"联动心理预警防控体系。保证新生心理健康测评率达到100%；健全学院心理个案的记录与跟踪帮扶制度；完善学院心理危机干预工作预案，建立转介诊疗机制，提升工作前瞻性、针对性；加强学院心理辅导站建设，建立班级心理委员和心理信息员双保险心理预警机制，全方位了解学生信息；定期开展经验交流、业务培训活动提高心理委员和心理信息员的工作能力。

（1）高校大学生心理健康教育长效机制过程中应注意的事项。长效机制是指专门为了每一职业的长期发展构建起来的一种长效性制度，具有持续性特征，这种机制在高校教育中已经得到广泛应用，故高校大学生心理健康教育长效机制的构建是科学的、合理的、重要的和必要的。进行高校大学生心理健康教育长效机制的构建时，要注意以下几点：

1）要站在全局的高度上去看待高校大学生心理健康教学，然后在此基础上根据大学生心理问题的复杂性和持续性制订长远的心理教育目标；

2）要基于社会学角度来对大学生心理问题进行全方位的分析，然后制定心理健康教育对策；

3）在制定高校大学生心理健康长效机制时，要充分考虑到大学生的思想意识和心理需求，并将两者紧密联系在一起，以制定出符合大学心理需求的心理健康教育方案；

4）心理健康教育计划的制订要根据大学生心理健康问题的长期性和动态性来实现，以此从根本上将大学生心理问题有效解决。

（2）建立健全大学生心理健康教育体系。其一，扩宽心理健康教育范围，不仅对有心理疾病和心理障碍的大学生进行心理健康教育，还要对其他大学生进行相应的心理健康教育；其二，丰富大学生心理健康教育手段，如心理课程的开设、专题报告的组织和讲座开展等，以实现高校心理健康教育的多样化；其三，合理设计心理健康教育体系，要根据大学生心理需求来设计心理健康教育体系，如可以在每一门课程教育中融入心理健康教育；其四，高校图书馆要配合大学生心理健康教育要求，增加心理健康教育相关书籍的购买量，以实现对大学生心理自我调节的引导；其五，要根据大学生常发生的学习问题、恋爱问题、社交问题和就业问题，构建针对性较高的心理健康教育体系。

（3）提高大学生参与心理健康教育的积极性。其一，利用多样化教育模式吸引大学生的注意力，进而实现大学生参与心理教育的积极性；其二，在心理健康教育中引入先进的教学技术，以提高大学生对心理健康教育的兴趣，如多媒体教学、音乐式教学等。例如，高校可以利用现有的心理健康教育资源（如心理专家、心理老师、心理相关书籍等），组建大学生心理健康教育协会，然后由协会针对大学生常出现的心理健康问题，开展心理健康宣传活动，如心理剧场活动、心理漫画竞赛活动和大学生心理健康日等，以此来调动大学生积极参与到心理健康教育中。

（4）交通工程学院将心理健康教育纳入人才培养方案，对不同学科专业大学生的心理健康教育针对性强。纳入学校整体人才培养方案，开展心理健康教育必修课、必选课、专题讲座等，开设"大学生心理健康"等在线课程，实现心理健康知识教育的全覆盖。加大心理健康问题基础性研究，做好心理健康知识和心理疾病科普工作；加强预防干预，推广应用"中国大学生心理健康筛查量表"和"中国大学生心理健康网络测评系统"，提高心理健康素质测评覆盖面和科学性。定期开展心理健康教育主题活动。结合"5·25"大学生心理健康节等品牌活动，大力开展心理健康知识讲座、心理健康知识宣传等活动，提高师生心理保健能力；强化心理咨询服务，提高心理健康教育咨询与服务中心建设水平。设立学生心理健康咨询室，配备有心理健康专业咨询师，开展心理健康辅导；精心规划不同阶段学生的心理健康教育的重点和方法措施，对不同年级、不同专业、不同层次的学生进行针对性教育；坚持育心与育德相结合，加强学生的人文关怀和心理疏导，深入实施"育心""健心""暖心""润心""护心""筑心"六大工程，着力培育学生理性平和、向上向善的健康心态；把心理健康教育纳入人才培养方案，鼓励更多的学生选修心理健康教育等相关校选修课程和自学大学生心理健康等在线课程。

（5）交通工程学院定期开展心理健康教育主题活动。每年组织大学生"5·25"心理健康教育活动月活动；每年开展新生心理健康普测工作；定期开展在校生心理排查危机干预；新冠疫情下了解学生心理情况，组织学生参加心理健康状况排查；定期召开心理安全主题班会。以学生心理需求和社会热点为中心，依托"3·20""5·25""9·20"和"12·5"心理健康教育节开展系列特色心理教育活动；充分利用网络、广播、微信公众号、App等媒体，定期开展心理健康教育宣传活动，营造心理健康教育良好氛围，提高师生心理保健能力；针对联合培养学生、跟岗实习学生群体开展心理健康状况测试及教育；组织进行大学生心理健康教育优秀工作案例评选；重点打造心理情景剧大赛等品牌活动。

2. 健全预警防控体系

为了及早预防、及时疏导、有效干预、快速控制学生中可能出现的心理危机事件，降低学生心理危机事件的发生率，更好地帮助有心理问题的学生渡过心理难关，提高学生心理调节能力、社会适应能力和挫折承受能力，促进大学生科学文化素质、思想道德素质和身心素质协调发展，广西机电职业技术学院建立了心理危机三级预警防控体系。

（1）一级心理危机预警模式是三级心理危机预警模式中的基础，它的重点在于对学生的直接心理监护。一级预警模式旨在普及心理健康知识、随时关注学生的情绪变化、跟踪重点人群并建立通报制度、现场处理重大危机事件。一级预警的主体是各年级的辅导员、任课教师和学生班级中的心理委员。交通工程学院邀请了学校心理健康中心的老师对辅导员、任课教师和心理委员定期进行心理危机干预的常识性知识培训，以便在遇到问题的情况下能够及时采取正确的危机干预方式进行处理。同时，辅导员与学生家长建立密切的联系，平时多了解学生成长的家庭环境并及时向家长通报学生的心理健康状况。此外，还实行了心理问题的定期汇报制度，由班级心理委员定期向辅导员汇报班级学生心理健康状况，及时发现问题、处理问题、解决问题。

（2）二级心理危机预警模式主要由各年级组、教研组构成，对所管理范围内学生的心理问题进行总体把握，对重点人群进行重点监护。二级心理危机预警模式的任务是对学校有心理问题的学生进行重点关注，指导一线的老师做好心理保健工作，制定各种心理危机干预预案。

（3）三级心理危机预警模式主要由学校主要领导、学校心理健康老师或其他熟悉心理学的教师、各二级学院的主要领导构成。三级心理危机预警模式的重点是对学校心理健康活动进行规划、对突发心理危机事件进行处理、负责审定心理危机干预预案、定期听取下级的汇报、决定是否向有关医疗机构和人员转介学生。

（五）交通工程学院心理育人成效

交通工程学院完善了《交通工程学院心理危机排查和干预预案》。

交通工程学院心理危机排查和干预预案

为贯彻落实《中共教育部党组关于印发〈高等学校学生心理健康教育指导纲要〉的通知》（教党〔2018〕41号）等文件精神，结合《中华人民共和国精神卫生法》（2018年修正）的具体要求，根据我院实际，制定本预案。

一、目的和任务

为了维护学生的生命和健康，维护校园安全稳定，减少危机发生的可能，降低危机事件给学生和学校带来的影响，对学生中可能出现的心理危机，要做到及早预防、及时疏导、有效干预、快速控制。

二、建立学校心理危机预防干预工作领导小组

（一）人员组成

组长：覃媛。

成员：王德钦、韦韧、张舒铭、段方雪、赵楠、刘润宇、庞家榆、唐丽媛。

（二）工作职责

全面规划和领导学校学生心理危机预防干预工作，制订工作计划，并组织实施、检查；负责协调处置心理危机事件及其后续工作。

三、成立各学院心理危机预防干预小组

（一）人员组成

组长：主管学生工作副书记。

成员：专职辅导员、学生干事。

（二）工作职责

具体落实和实施心理健康教育、心理危机排查与预防干预工作。

四、建立心理危机预防干预工作体系

建立学校-学院-班级-宿舍的四级工作体系，确保危机预防教育渠道和危机干预快速反应通道的畅通。

五、开展心理危机排查工作

通过心理危机排查掌握存在心理危机倾向与处于心理危机状态的学生，心理危机一般指对象存在具有影响生活事件，情绪剧烈波动或认知、躯体或行为方面有较大改变，且用平常解决问题的方法暂时不能应对或无法应对眼前的危机。

通过心理危机预防干预工作体系在新生开学初、入学适应期、顶岗实习期等重要时间节点进行摸底排查，排查中具有下列情形之一的学生列为重点关注对象。

（1）受疫情影响而出现心理或行为异常的学生，如家庭发生重大变故、遭遇性危机、受到意外刺激的学生。

（2）患有严重心理疾病，如患有抑郁症、恐怖症、强迫症、焦虑症、精神分裂症、情感性精神病等疾病的学生。

（3）既往有自杀未遂史或家族中有自杀者的学生。

（4）身体患有严重疾病、个人很痛苦、治疗周期长的学生。

（5）因学习问题导致压力过大出现心理异常的学生。

（6）个人感情受挫后出现心理或行为异常的学生。

（7）人际关系失调后出现心理或行为异常的学生。

（8）性格过于内向、孤僻、缺乏社会支持的学生。

（9）严重环境适应不良导致心理或行为异常的学生。

（10）家境贫困、经济负担重、深感自卑的学生。

（11）由于身边的同学出现个体危机状况而受到影响，产生恐慌、担心、焦虑、困扰的学生。

（12）其他有情绪困扰、行为异常的学生。

尤其要关注上述多种特征并存的学生，其危险程度更大，应作为重点干预的对象。

各学院对排查出的重点群体学生进行评估分类，根据学生的实际情况和严重程度，将学生心理状态分为一般心理问题、严重心理问题和疑似精神障碍。对一般心理问题者，建议辅导员和学生干部积极关注；对严重心理问题者，建议辅导员重点关注并推荐到学校心理咨询中心寻求心理咨询帮助；对疑似精神障碍者和可能存在致命性（伤害自身或危害他人安全）心理危机危险的学生，要列入学校危机预防干预库，启动相应的心理危机干预工作。

六、开展心理危机干预工作

根据学生的心理健康状态或事件严重程度，可将心理危机干预分为四个等级：一是对正在发生的致命性心理危机事件的干预；二是对有潜在致命性风险的学生的干预；三是对出现精神障碍症状表现的学生的干预；四是对出现心理问题的学生的干预。危机发生时，进行分类干预。

（一）对正在发生的致命性心理危机事件的干预

正在发生的致命性心理危机事件，包括正在实施的自杀、致死性暴力等事件。此时应立即启动现场危机救援和干预，以保证学生的生命安全为首要原则。

（二）利用《学生心理健康状况月报表》对学生心理健康进行监测

《学生心理健康状况月报表》见表2-1。

表2-1　学生心理健康状况月报表

院（系）：　　　　填报人：　　　　填报时间：　　　年　　月　　日

本月本系学生心理健康状况

续表 2-1

系分管领导意见
签字： 　　年　月　日

注：此表用于该月无异常情况的上报，请于每月 25 日之前将此表交到大学生心理健康教育中心。

（三）通过每月《心理健康状况报表》详细掌握学生心理健康状况

《学生心理健康状况报表》见表 2-2。

表 2-2　　　年　　月学生心理健康状况报表

院（系）：　　　辅导员：　　　　班级：　　　　心理委员：

注：1. 该表由宿舍心理委员收集班级各宿舍人员的心理健康状况。

　　2. 心理健康状况可以填有异常或者无异常，有异常的需要另外附表（心理异常情况表）说明具体情况，在备注内注明。紧急情况尽快上报。

　　3. 每月 23 日班级心理委员负责组织宿舍心理联络员填好此表，如有异常情况需要向辅导员说明。

　　4. 本表由系里保存。

三、资助育人

据了解，我国学生资助已形成投入上以政府资助为主、学校和社会资助为辅，方式上以无偿资助为主、有偿资助为辅，对象上以助困为主、奖优为辅的中国特色学生资助体系，涵盖 28 个中央政府资助项目，"奖、助、贷、免、勤、补、减"多元政策相结合，年资助 1.5 亿人次，年资助金额 2600 多亿元，为世界提供了学生资助的中国方案。简言之，这一资助体系既具有可操作性，还具有可持续性，不仅惠及全国学生，还供国际社会参照。

从"努力让每个孩子享有受教育的机会"，到"不让一个学生因家庭经济困难而失学"，再到"让每个孩子都有人生出彩的机会"，这是庄严的承诺，更是坚实的行动。那些家庭经济困难学生因获得资助而改变命运，不仅能够阻断贫困代际传递，更能帮助他们成为社会的有用人才、国家的栋梁之材。

我国建立的学生资助体系已经形成了良好的循环效应。一大佐证是，数十万名受助师范生投身农村基础教育，明显改善了农村教师队伍的素质；66万名受助高校毕业生扎根基层就业，明显优化了基层干部队伍和专业人才结构；143万名受助大学生应征入伍报效国家，为我国实现强军目标输送了一大批优质兵员。

党的十八大以来，我国不断完善高校学生资助政策，加大投入力度，确保家庭经济困难学生顺利入学并完成学业，推动教育公平迈上了新台阶。在向第二个百年奋斗目标迈进的新征程上，面对新形势、新要求、新挑战，应坚持将育人作为资助工作的出发点和落脚点，推动工作重心逐渐由"资助"向"育人"深度转变，在夯实资助基础、优化资助方式、拓宽资助育人格局等方面探索新路径，切实提升资助育人成效，助推高等教育高质量发展。

（一）健全精准识别认定机制，夯实精准资助基础

（1）构建科学认定模型。高校应充分发挥本校数据分析、数学建模等领域专家作用，深入分析湖南省学生资助申请平台数据，并结合校内大数据追踪管理信息，探索构建更加科学的家庭经济困难学生认定模型。

（2）建立定期联系机制。建立定期联系困难学生家庭工作机制，每年开展一次全覆盖的家庭走访。通过实地走访、电话联系等方式，详细了解学生家境和实际困难，为困难学生认定提供确切依据。

（3）完善诚信申请机制。建立困难学生家庭经济信息核查机制，避免学生或其监护人在申请资助时出现不诚信行为，提升资助申请信息填写的准确性，加强资助全过程诚信建设。

（二）完善勤工助学构成体系，优化资助育人方式

（1）搭建校内勤工助学服务平台。高校可根据自身需求和贫困学生实际情况，适当增加勤工助学岗位。在提供"三助一辅"（即"助教""助研""助管""兼职辅导员"）勤工助学岗位之外，为贫困学生提供在学校后勤保障服务中心勤工助学机会；建议将学校快递驿站工作纳入勤工助学岗位范畴，优先贫困学生管理和经营；为有意向且有能力创业的学生提供创业场地和资金支持。

（2）完善校企合作资助育人体系。高校应积极探索完善校企合作资助模式，进一步拓展资助育人路径。

1）企业可通过测试择优录取贫困生为准员工，全额支付学生大学期间的学习费用。

2）企业可为贫困生提供一些与其专业技能相关，工作时间为周末或寒暑假的工作机会。

3）充分发挥劳动保障部门作用。高校应加强与各级劳动保障部门联系，为困难大学生勤工助学提供公共就业服务。比如利用已设立的大学生就业服务专窗，免费为困难大学生勤工助学提供政策咨询、职业介绍和相关信息服务；利用现有劳动力市场信息网络，建立用人单位面向困难大学生的网上招聘平台，拓展勤工助学范围；联合劳动力市场与人才市场网以及各高校就业网，常态化举行网上招聘，为困难大学生提供及时有效的岗位资助服务。

（三）深化全员全程全方位育人，构建资助育人新格局

（1）组建优秀资助育人团队。高校应着力打造一支人员配置齐全、能力水平过硬的资助工作队伍。从制度层面严格资助工作队伍的选人、用人标准，按照教育主管部门要求配好专职学生资助管理人员；切实加强对资助工作人员的政策理论培训、业务技能实训，提升其理论水平和工作能力；鼓励更多专任教师和其他管理人员加入资助育人队伍，充实关心关注家庭经济困难学生的育人力量。

（2）打造特色资助育人品牌。高校在开展资助育人工作中，可根据不同资助项目特点，深挖育人元素，形成资助育人品牌，发挥示范作用。比如在奖学金评选发放环节，打造优秀贫困生榜样活动品牌，引领广大大学生争先创优、不断奋进；在国家助学金申请、发放和励志、自强模范评选等环节，创建感恩教育和励志教育活动品牌，引导学生勇于担当、感恩社会；在国家助学贷款办理环节，创设诚信教育、金融常识教育、厉行节约教育活动品牌，培养学生诚信和勤俭美德；在勤工助学环节，创立勤助文化与劳动教育活动品牌，增强学生劳动意识和自立自强精神。

（3）构建协同资助育人模式。将学生资助与思想政治教育、劳动教育、心理健康教育等深度融合，全方位、制度化开展发展型资助育人工作。建立学工、教务、科研、心理、就业、共青团等部门协同联动机制，形成全员参与、各部门配合、各个教育教学环节统筹协调的资助育人环境，统筹开展学业规划、心理辅导、能力培养、就业指导等方面帮扶，着力提高受助学生综合素质和竞争力，引领学生树立远大理想、厚植家国情怀、塑造优秀品格。

（四）交通工程学院构建资助育人举措

交通工程学院结合国家资助政策，实施精准帮扶，结合资助活动月，积极开展"感恩教育实践"项目探索，让全体学生对感恩有一个全面的、正确的、深

刻的认识，从而自觉将"爱党""爱国""爱校"等思想融入平时的学习、工作和生活当中，从而不断提升道德、思想和行为自觉。坚持以学生为中心，在学生管理服务育人工作中，自觉将资助工作与育人工作紧密结合，积极构建"奖、助、贷、勤、补、减、免、偿、险"九位一体的全方位、全过程、全覆盖资助体系；精准确定资助对象、资助等次，确保家庭经济困难学生应助尽助。牢牢把握资助育人导向，积极开展"诚信·感恩"主题教育班会，组织学生参加资助征文比赛和"资助育人"主题演讲比赛。积极开展"精准扶贫"建档立卡贫困户学生家访等活动，通过资助宣传、感恩诚信教育，让学生学会诚信、懂得感恩和践行励志。

1. 构建资助育人长效机制

交通工程学院坚持育人为本、德育为先、能力为重、全面发展，遵循学生成长成才规律，聚焦体系优化主线，关注精神和行为，凝聚学校、家庭、社会合力，将"扶困"与"扶智"以及"扶困"与"扶志"相结合，开展资助育人"雨露工程"，在"授人以鱼""授人以渔"中，达到"育人""资助"相得益彰，探索形成长效发展型资助育人模式。

交通工程学院建立物质帮助、道德浸润、能力拓展、精神激励有效融合的资助育人长效机制。交通工程学院坚持以学生为中心，在学生管理服务育人工作当中，自觉将资助工作与育人工作紧密结合，积极构建"奖、助、贷、勤、补、减、免、偿、险"九位一体的全方位、全过程、全覆盖资助体系；精准确定资助对象、资助等次，确保家庭经济困难学生应助尽助。积极开展"诚信·感恩"主题教育班会，组织学生参加资助征文比赛和"资助育人"主题演讲比赛。积极开展"精准扶贫"建档立卡贫困户学生家访等活动，通过资助宣传、感恩诚信教育，让学生学会诚信、懂得感恩和践行励志；加强思想引领，将助学贷款与诚信教育紧密结合，培养诚信品质；做好资助政策的宣传和落实；以勤工助学等有偿资助为平台，培养学生自立自强意识和实践能力；进行跟岗实习，感恩回报社会。以感恩、公益活动等实践活动为载体，强化学生的社会责任感和感恩奉献意识；以励志活动、心理帮扶等为手段，提高学生的自信心。

（1）聚焦"体系优化"主线，授人以"鱼"，建立全方位精准化资助体系。准确界定，建立精准化资助体系。实事求是、客观公平，坚持"定量评价与定性评价""公开透明与保护隐私""积极引导与自愿申请"相结合原则，建立"身份判定、定量评级、定性评估"家庭经济困难学生认定体系。建立"学院-年级-班级-宿舍"四级网格化管理体系，通过面对面谈心谈话、电话访谈、问卷调查和家访等方式，深入了解受助学生及其家庭情况，资助专员"量身定制"成长方案，提供特色服务和专业指导，落实监督反馈制度，确保资助工作落实"准、精、快"。2021年精准完成326名家庭经济困难学生资助工作，为学生更好地学习、生活提供了坚实的物质基础。国家奖学金：2019—2020 学年贫困学生两人；2020—2021 学年两个学生因成绩优异，技能突出，获得不同程度区级以上奖项多次，从而获评国家奖学金；国家励志奖学金：2019—2020 学年，贫困学生 15 人等在张老师的指导下，因德智体技能各方面表现优秀，从而获评国家励志奖学金；通过评选奖学金，激励学生争先创优，发挥敢闯敢拼的精神，以榜样力量带动学生，达到育人的目的；评选励志榜样，彰显自助能量，培养学生奋发进取的意识；资助育人过程中要调动学生积极性，鼓励学生全程参与，构建受助学生活动团队，引导提高学生自我选择、自我规划、自我发展、自我服务的意识和能力。

（2）关注"精神、行为"塑造，授人以"渔"，推动资助与学生成长成才相贯通。始终坚持把促进家庭经济困难学生成长成才作为资助工作的出发点和落脚点，将"济困育人"与"励志强能"相结合，实现"解困—育人—成才—回馈"良性循环。融通"第一课堂"和"第二课堂"，推进落实"第二课堂成绩单"，举办"金融课堂"和"预防电信诈骗共建平安校园"专题讲座，开展"诚信校园行"书画展、毕业生助学贷款座谈会、"常怀感恩之心、常为感恩之行"和"红色寻访"等活动，强化"言必诚信，行必忠正"观念，培养学生知恩、感恩、报恩情怀。通过"犀鸟计划"，建立学业困难学生朋辈帮扶机制，助力成长成才。实行精细化管理，打造特色品牌队伍，引导学生参加支教、三下乡、创新创业等实践活动，助力乡村振兴。开展"十大励志典型人物""勤工助学优秀个人"等评优活动，在榜样学习中发现美、欣赏美、创造美，营造赶、学、比、帮、超的良好氛围。强化勤工助学系统管理，优先选聘家庭经济困难学生，培养学生自助劳动意识。

（3）凝聚学校、家庭、社会合力，共勉共进，实现资助育人"提质增效"。拓宽资源化配置，落实校企协同育人长效机制，充分调动社会团体和企业资助热情，拓宽平台，争取更多的资助资源，增加助学金项目和金额，完善资助发放方式，实现资助资金安全便捷发放。加强信息化沟通，完善家校互通联动育人长效机制，将家访与国家资助政策宣传相结合，实现"家庭状况、实际困难与资助政策"的最优化，推动资助工作高质量发展。将家访与学生思想道德建设相结合，定期反馈受助学生在校的思想、学习、生活状况，组织开展资助诚信教育与感恩教育，切实让家长和学生感受到学校的关怀。在浸润中拔节孕穗，于无声处向阳花开。通过实施"雨露"工程，有效缓解家庭经济困难学生的生活压力，在增长知识、练就本领、锤炼品格的过程中，培养了学生自立自强、知恩感恩、诚实守信、勇于担当的良好品质，加快资助育人"提质增效"。

2. 资助精准到位

交通工程学院做到精准识别资助对象，把好入口关。采取"信息采集，量化测评，民主评议，验证核实"四段式和"班级-学院-学校"三级认定模式，形成"程序规范、指标明确、动静结合"的家庭经济困难学生认定方法。加强与相关部门联系，建立数据库信息网络。针对入库学生困难程度，建立动态管理的学生信息系统。聚焦重点困难群体，做好分层分类精准资助，提高资助效力。强化事中、事后监管，实时监测资助"重合率"，保证资助对象精准、名额分配精准。精准落实资助发放。加强奖助学金统一管理，优化资金拨付流程，严格按照国家政策要求，探索改进资金拨付和发放机制，将学生资助经费及时足额发放到学生手中。定期清理无效失效资助账户。开设投诉电话、电子邮箱等多种信息反馈渠道，实现奖助金评选全程监督，遇到问题及时反馈、解决。准确定位资助发放有困难的单位和个人，"一院一案、一人一策"，确保全校资助金发放落实到位。实施"互联网+资助"模式，精准研判资助需求。运用互联网手段和大数据思维构建多重学生信息资源平台，通过对学生家庭情况和在校期间生活、学业、心理、创业实践和奖助等数据的交叉比对，分析学生的基本需求，了解学生的消费情况，做到及时发现、及时预警、及时解决。要把每一项政策、每一分钱都落在实处、发挥效用。

（1）力求确保资助对象精准。首先，学校在全国学生资助管理中心建立了完善的学生资助管理信息系统，并且和民政、原扶贫办（现乡村振兴局）、残联等有关部门实现数据共享。其次，把个人申请、同学评议、家访、学生消费大数据等相关信息相结合，力求每一个家庭经济困难学生都能享受到资助，确保一个不少。

（2）力求确保资助标准精准。因为家庭经济困难学生的困难程度是不一样的，所以不能"一刀切"。为确保能满足每一个同学的资助需求，各有关班级将学生消费大数据与同学评议、家访有机地结合在一起，分档确定资助标准。

（3）力求发放时间精准。学生资助政策解决的是学生学费和生活费问题，所以及时发放非常重要。为了做到这一点，学校学生资助管理中心采取多项措施：会同财务处催促各相关部门及时拨付资助资金，同时督促校内财务部门及时发放，还通过信息系统监督发放进度，对于不按时发放的第一时间进行督办。

（4）加强政策宣传。任何一项好的政策要落实落细，都首先必须让政策对象、让全社会了解政策的内容。在政策宣传方面，学校学生资助管理中心将日常宣传和重要节点宣传相结合。借助全国学生资助管理中心网站、中国学生资助微信公众号，还有其他的公共媒体进行宣传。学校层面，学校学生资助管理部门在学校设有资助政策专栏，常年公布学生资助政策。针对各学段的重要节点开展宣传，每一个学期开学，各二级学院教师、辅导员都要通过不同的方式，有的给学生和家长发放资助政策"明白纸"，有的发放"资助政策卡"，让学生和家长了解资助政策。

（五）交通工程学院构建资助育人成效

交通工程学院构建资助育人成效如图 2-1 和图 2-2 所示。

广西机电职业技术学院 国家助学金申请表
(2021—2022 学年)

<table>
<tr><td rowspan="5">本人情况</td><td>姓 名</td><td></td><td>性别</td><td></td><td>出生年月</td><td></td><td rowspan="4">照片</td></tr>
<tr><td>民 族</td><td></td><td>政治面貌</td><td></td><td>入学时间</td><td></td></tr>
<tr><td>学 号</td><td></td><td></td><td></td><td>所在年级</td><td></td></tr>
<tr><td>身份证号码</td><td></td><td></td><td></td><td>联系电话</td><td></td></tr>
<tr><td colspan="6">学院 专业 班</td><td></td></tr>
</table>

前一学段获得过何种资助	国家奖学金□ 国家励志奖学金□ 自治区人民政府奖学金□ 校内助学金□ 学费减免□ 其他□_____

困难类型	脱贫家庭学生□ 城乡低保家庭学生□ 孤儿□ 城乡特困救助供养学生□ 家庭经济困难残疾学生□ 其他□

家庭经济情况	家庭人口总数		家庭月总收入	
	人均月收入		收入来源	
	家庭住址		邮政编码	

家庭成员情况	姓 名	年龄	与本人关系	工作或学习单位

申请理由：

申请人签名： 年 月 日

二级学院意见：
经二级学院学生资助管理工作评审小组审核，并在二级学院公示 3 天，公示无异议，同意推荐该生参评 2021—2022 学年度国家助学金。

（公章） 年 月 日

学校审核意见：
经学校学生资助管理工作领导小组审核，在全校范围公示 5 个工作日，公示无异议，现批准该生获得 2021—2022 学年度国家助学金。

（公章） 年 月 日

图 2-1 学校国家助学金申请表

图 2-2　学院领导走访慰问贫困学生

第二节　有内涵的教学改革

一、教学改革总体要求

习近平总书记指出，"纵观世界历史，一个国家无论多么强大和富有，一旦它放弃改革创新，就会走进死胡同"，改革是前进的动力，创新是进步的保证。在高校内涵式发展过程中，高校的教学管理不能停顿于做好日常事务工作，要求贯穿改革创新精神，研究教学管理规律，积极而有效地提升管理质量。

（1）切实转变管理理念，增进服务意识。管理就是服务，以教务部门为主体的教学管理是为教师服务，为学生服务。通过各个服务窗口，展示良好形象，无形中可以起到管理育人的作用。学校要稳定教学管理人员队伍，加强思想教育，提供经费支持，不断提高管理水平。

（2）重视师资队伍建设，改革师资队伍建设的管理模式。师资队伍建设是学校内涵式发展进程中的重要内容。在高等学校中，教师既要教学，还要搞科研，师资队伍的质量直接关系人才培养的质量和学校科研水平的提高。高校对教师的管理是多层次多方面的，除了院系外，还有学校的人事、教务、科研、研究生等相关管理部门，一般都由学校的人事部门主管。为了全面统筹师资队伍建设工作，要打破原有分工过细的单一管理架构，确立"大机构"管理模式，建立完整的教师信息数据库，在校长主持领导下，由教务、人事部门共同参与。而一些建立研究生院的重点高校，还应吸收科研、研究生院、外事等部门参与，进行立体式管理。这样的管理方法有利于做到对教师因人制宜地制定培养规划，有利于师资力量的合理配置。课堂教学是高校人才培养的主阵地，强化教师教学主体责任，积极提升教师队伍的整体素质，重视教学名师的示范作用。加强专业老师实践能力的培养，鼓励教师积极运用互动、交流、讨论等方法。调动和启发学生的兴趣，提高教学质量。

（3）优化培养方案，重构课程模式。根据专业目标，确定必修课程，同时要根据专业的培养去向，深入了解社会需求，开设选修课程，由学生自主规划，自主选课。使学生不但在校内可以跨专业、跨学科选修课程，同一座城市的高校之间，也可以协商学分互认，允许就某些课程相互选修，为学生校际择课创造条件。重构课程模式，要求教务管理部门协同有关单位深入调研，广泛听取教师、学生、社会的意见，统一认识，不断修订本科教育课程结构，挖掘教学资源，科学编排课程。重构课程模式是一项系统工程，也是一项长期工程，要求纳入学校发展规划，加强领导，积极有序地从一点到多点，从局部到全面地推进这项改革。

（4）着力抓好课程建设。要鼓励教师刻苦努力钻研业务知识，并将新知识、新技术及学科发展新动态及时充实到课程教学内容中去，学校在这方面要为老师提供相应的经费与空间支持，如设立专项调研基金，提供离校考察机会，加强图书与网络建设等。改革灌输式教学方法，提倡启发探究式教学、案例式教学、互动式教学、小组研讨式教学、情景式教学等，提高学生学习兴趣，提高教学质量。加强网络课程建设，鼓励教师建设网络课程，推进虚拟校园网络课程学习平台，网络课程建设是对传统课堂教学的重要补充，同时也是培养学生自主学习能力的有效手段。

（5）拓展校外教学基地建设。学校在加强校内教学基地与实验室建设同时，努力加强校外教学基地建设。拓展校外基地的建设思路，是促使大学生了解社会、提高动手能力的重要切入点。要求教务部门主动协同有关院系，拓宽思路，根据学生专业取向，深入社会，设立各类实验、实践基地与基点，例如实体企业、科研院所、乡村各类专业户，以及街道、社区等，请进来，走下去，让大学生有较多机会接触实践，增强社会责任感，提高学习与创业的主观能动力。

（6）强化过程管理，完善教学质量监控体系。教学管理的目的是保证提高教学质量。通过教学检查、日常听课、教学观摩指导、教师学生座谈会、督导评教、学院评教，以及学生评教、各项教学质量评价指标监测及自我评估、监控结果反馈等一系列措施，建立完善的教学质量监控体系，综合评价每门课程的教学质量，对于教学过程中出现的问题，及时研讨解决，切实强化教学过程的管理，将教学质量监控贯穿教学的全过程和各个环节，以确保教学质量的提高。教学管理在学校内涵式发展进程中，从宏观到微观，都具有十分重要的作用，教学管理的任务十分繁重，教学管理的内容牵涉方方面面。

二、课程育人和科研育人推进有内涵教学改革

交通工程学院牢固树立协同育人理念，在思想上和认识上高度统一，以习近平新时代中国特色社会主义思想为总揽，站在全局的高度形成全方位协同育人的格局，构建理念协同机制，通过团体工作坊、先修课程、交叉学科学术研讨、教师开放日、学生课外学术社团活动、导师制等多种方式，增强相互之间的认同度，促进思想政治教育要素在不同主体间流动、共享与融合，使相互协同、相互统一的思想政治教育元素贯穿到教育教学全过程和各环节。

交通工程学院强化课程、专业、学科"三位一体"思政教学体系。对内构建统一的学科、课程、实践及服务共享平台，依托平台整合不同学科、专业及课程资源，强化理论研究，将课内的知识教育、技能传授与课外实践的知识内化、技能强化、价值引领等功能深度融合，促进不同课程与思政课程之间的内容相互渗透，实现思政课程显性教育与课程思政隐性教育的有机结合，将学科、专业及思想政治教育融为一体，不断升华思想政治教育课的内容体系和学科水平，增强思想政治教育的协同效应，实现思想和价值的引领。

交通工程学院努力构建"知识传授、能力培养、素质提升、人格塑造"四位一体的人才培养体系，共同促进协同育人。坚持团队集体备课制度，切实推进专题教学、案例教学、实践教学和多媒体教学的深度融合，强化教师队伍的协同效应。打造高水平的网络在线课程、专业示范课程，线上线下相结合使思想政治教育和专业教育"活"起来。以科研项目为引领，集中优势力量，打造强有力的科研团队，以团队的力量引领思想政治教育和专业课程教育纵深发展。

交通工程学院在以推进"有内涵的教学改革"作为抓手，不断实践、总结、改革，形成了自己独特的"课程育人"和"科研育人"的新模式。

（一）课程育人

知识与技能目标既是课堂教学的出发点，又是课堂教学的归宿，更是所有育人目标的根基；知识与技能目标是传统教学的精髓，也是所有教学需要继承的合理内核。过程与方法目标既是课堂教学的目标之一，又是教师课堂教学的操作系统；它倡导师生充分体验教与学的过程，自主选择教与学的方法，是在知识与技能目标的基础上对课程教学目标的再度开发。情感态度与价值观目标既是课堂教学的目标之一，又是课堂教学的动力系统；它倡导师生对教与学的情感体验、态度养成和价值观培育，是在知识与技能、过程与方法目标基础上对课程教学目标的深度开拓。因此，课程育人的本质就是对三维目标应然价值的追求。

在教育目的层次结构视角下，课程育人和立德树人分属于不同层级的教育目的，是上下位关系。课程育人是立德树人的基点、基石和基础，立德树人是课程育人的方向、目标和归依。在教育目的的类型视角下，课程育人是发展性的现实目的，是微观、具体的目的；立德树人属于终极性的理想目的，是宏观、抽象的目的。但是，课程育人和立德树人培育的都是我国教育目的视域中的"人"，是本质相同的社会主义建设者和接班人，是素质相通的德智体美劳全面发展的人，是价值相依的能担当民族复兴大任的时代新人。课程育人是落实立德树人根本任务的教育实践方略，两者在相同教育目的的不同节点上共同履行"凝聚人心、完善人格、开发人力、培育人才、造福人民"的教育职能。

"课程育人"在概念形式上是一个极具时代特征和中国特色的教育新视点，在概念内涵上是一个富含理论基因和现实意蕴的教育着力点。"课程育人"连接着教育的理想与现实，沟通着教育的理论与实践。在理论层面，它反映了课程与教学从分离走向整合的现代教育革新，追求育人的连续性；它顺应了当代课程与教学研究的发展方向和世界教育改革趋势，追求育人的时代性；它回应了教育哲学在 20 世纪末的后现代实践转向，追求育人的本源性。在教育实践层面，它着力整合课程与教学、教师与学生、环境与情境等教育的核心要素，追求育人的整体性；它着力统合德智体美劳五种教育目标及其内容，追求育人的全面性；它着力落实新时代教育立德树人的根本任务，追求育人的实效性。

抓好课程建设主战场。大力推进习近平新时代中国特色社会主义思想进教材、进课堂、进头脑，构建以思想政治理论课为引领，以专业课程为核心，以通识课程、实践类课程为拓展的课程教学体系；打造学校课程思政教学研究中心，发挥马克思主义学院在课程思政建设中的"助推器"作用，杜绝思政课、专业课"两张皮"问题，推动形成"不离专业讲思政、融入思政讲专业"的大思政建设格局。

打通课堂教学主渠道。推进现代信息技术与教育教学融合，实施学科基础课"大班线上教学，小班线下研讨"教学，引导和激励教师运用项目式、研讨式、案例式等多种教学方法并融合思政元素，全面提升课堂教学水平和育人成效；持续推进以育人为导向的多元化课程考核方式方法改革，实施过程性评价与结果性考核有机结合的学业考评制度。

交通工程学院强化了课程育人，探索与实践将"单门课程的课程思政"上升到"专业层面的课程思政"的新理念和课程育人创新实践。

1. 课程育人的新理念

(1) 加强"学情"研判，因材施教调整育人策略。根据中职对口招生比例逐年增大的现状，学院开展了"学情"研判专项工作，分析新时期学生思想品德、行为规范和学习特点，围绕"德技并修"的课程育人目标，适时调整育人策略，针对性完善了融入课程思政的课程体系，以贴合学情特点的个性化教学模式实施教育教学活动，并将课程思政教学活动效果融入教学质量优秀奖评选办法和绩效考核办法中，真正做到因材施教。积极主动开展"专业层面的课程思政"改革探索，以期提升教师的政治站位及学生的思想觉悟，从专业层面引领并促进思政课程与专业课程同向同行，2020 年学院共有六门专业课程获得学校课程思政项目立项。

（2）做好"专业层面课程思政"的顶层设计，实现德育元素精准全覆盖。升级课程思政内涵，将课程思政的"观念上移"，提出了"专业层面的课程思政"，将学院所有专业德育元素进行了系统的顶层设计，将专业相关的德育元素合理分配至各门课程，并融入各门课程的课程标准，任课教师严格按照课程标准实施教育教学活动，从而有效实现了学院所属各专业所需的德育元素全覆盖，从多维度和连续性上避免了实施单门课程思政时容易出现的"遗漏"与"重复"现象，达到全方位精准思政育人的目标。

2. 课程育人创新实践

交通工程学院创新课程育人模式培育时代新人有效应用策略，通过选择、改编、整合、补充、拓展等方式，对教学课程进行再加工、再创造，进而提升教学效率实现教育教学课程育人主体功能。

（1）建立教案评价制度。

1）及时修订教案，把课程育人理念贯穿教案修订全过程。根据课程标准明确课程育人的目标，形成了融入思政元素的课程教案；已建立课程教案期中检查制度，将课程思政落实到教学内容中，体现在教学各环节；形成了每学期的教案定期修订制度；开展了课程思政教学研究，立项校级课程思政课题 6 项。进一步明确"德技并修"的课程育人目标，修订完善课程教案及教学课件、指导书等；积极探索模块化、小班化、研讨型教学和翻转课堂等教学模式改革并形成教学改革方案，提高课程育人成效；课程结束后，及时完成课程育人目标达成度评价与分析，针对存在的问题，提出持续改进的方案和措施；借助已成立的广西县级职校汽车专业发展联盟，将课程育人工作提前至中职"送生学校"；开发跟岗实习课程育人的标准及配套教案，将课程育人延伸至企业实践。根据合作企业、毕业生反馈意见，修改系列专业教学文件，保持含教案在内的教学文件修改的延续性。

2）对教师教案严格把关，对未包含课程育人内容的"一票否决"。形成了校院两级教学督导机制，有效保障课程育人的督查；建立了同行、学生评价机制，及时掌握课程育人实施情况及效果。更新教案审核、评价标准；通过每学期期中教学检查、材料归档，严格落实思政元素进教案、进课堂；实行课程教案无育人内容"一票否决"制度，取消在年终评奖评优、优秀教师、教学质量奖等评选等环节中评优资格，并责成整改；严把课程育人关，形成良性教案评价与持续改进机制。

（2）建立专业教师课程育人主体作用，发挥有效机制。

1）把思想政治教育元素纳入课堂教学，作为课堂讲授的重要内容。在教师中树立课程育人的理念，开展"专业层面的课程思政"改革与研究；积极探索开展在专业课程教学活动中融入思政元素课题的研究，提升教师的政治站位及学生的思想觉悟，引领并促进专业知识、技能的提升；已有六门专业课程思政项目获得学校立项；在全院开展课程思政示范课建设工作。进一步突出教师的育人主体作用，将思想引领和价值观塑造融入教学全过程，涵育学生爱国情、强国志、报国行；充分挖掘思政元素，融入课堂讲授、实践教学、答疑、互动交流、课程考核各个环节中；利用多媒体、信息化技术开展灵活多样的课堂教学，提升课程思政教学趣味性和吸引力；建立课程思政课题研究推动方案，最终实现所有专业、所有课程思政全覆盖；推进自治区级课程思政示范课建设。

2）把课程育人作为教学督导和教师绩效考核的重要方面。已实现每学期教师听课全覆盖，通过现场听课、随机抽查学生评价、网络评分等方式考核授课教师包含课程思政在内的各项教学指标情况；学院制订有包含教师育人工作考核指标的绩效考核方案，将育人工作完成情况作为督导、教师年度考核重要指标。完善落实学院教学督导制度和院领导、专业教研室、同行听课制度，加强课程育人过程检查和实效的考核，将考核结果纳入教师的绩效考核中；制订学院绩效考核实施方案，将课程思政和课程育人工作实效考核放在绩效考核首位；结合学生网上评教等，将课程育人作为课程教学质量评比的重要指标，并实行无课程育人内容的"一票否决"制度。

3. 课程育人成效

基于"三全育人"的教育教学过程，打磨出了一支汽车领域高水平复合型专业教师团队，2021 年获自治区教育厅推荐参评"第二批国家级职业教育教师教学创新团队"，其中，"专业层面的课程思政"创新性做法获得评审专家高度认可。

基于"三全育人"的教育教学改革，形成了一套具有汽车专业特色的教学成果，凝练形成的"基于诊断与提升社会适应性的高水平专业群建设实践"成果获广西机械职业教育教学指导委员会唯一推荐，参评 2021 年广西职业教育自治区级教学成果等次评定。

（1）完善了课程考核评价机制。图 2-3 为教学质量优秀评选办法，图 2-4 为教师教案检查评价表，图 2-5 为课堂质量评价表。

广西机电职业技术学院教学质量优秀奖评选办法

为表彰教学效果优秀的教师，鼓励广大教师积极开展教学研究，不断提高教学水平和教学质量，特制定本办法。

第一条　教学质量优秀奖每学期评选一次，于每学期的期末评选本学期的教学质量优秀奖。

第二条　参加教学质量优秀奖评选的人员为学校全体任课教师。

第三条 教学质量优秀奖的评选标准

1.具有高尚的师德，积极探索教育教学规律，努力钻研教学业务，模范遵守学院教学规章制度，本学期内无教学差错和教学事故。凡属下列行为之一的，取消参评资格：

（1）在教学过程中存在违背社会主义核心价值观等错误意识形态的；或散布封建迷信以及淫秽色情内容的；默许、暗示、鼓励学生罢课闹事的。

（2）无故迟交或擅自更改授课计划的，或无故不按照授课计划进行教学活动，或擅自变更教学进程安排的。

（3）教学过程中教案（纸质或电子档）、教材、教学课件等不齐全的。

（4）上课或监考迟到、无故提前下课、上课或监考期间无故擅离开岗位。

图 2-3　教学质量优秀评选办法

广 西 机 电 职 业 技 术 学 院

_____年_____季学期

教师教案检查评价表

系（部、中心）：_____（盖章）

序号	教师姓名	任教课程	每次课都有教案	检查内容			综合评价
				课程育人、思政要素	教案反映出清晰的教学思路，时间安排合理	教案反映出教学重点、难点及教学方法使用情况	

请在检查内容和综合评价栏中给出适当的评价等级：优、良、一般、差。

评价汇总人、汇总日期：_____　　　　系（部、中心）主任：_____

图 2-4　教师教案检查评价表

广西机电职业技术学院

＿＿＿＿＿年＿＿＿＿季学期

课堂教学质量评价表

(同行用)

任课教师＿＿＿＿＿＿＿＿　　　　　授课班级＿＿＿＿＿＿＿＿＿＿

课程名称＿＿＿＿＿＿＿＿课题内容＿＿＿＿＿＿＿　教学形式＿＿＿＿＿＿

序号	评　价　内　容	分值	评　价　等　级				
			A 1	B 0.8	C 0.7	D 0.5	E 0.4
1	教案有明确课程育人目标，且书写认真完整、有思政元素或环节	10					
2	教态自然大方，语言流畅，讲普通话	10					
3	对课程内容娴熟，讲课思路清晰，条理清楚	10					
4	重点突出，讲清难点问题	10					
5	教学方法灵活，启发学生思维，激发学生的学习积极性	10					
6	与学生交流、互动充分，课堂气氛好	10					
7	严格课堂管理，认真考勤	10					
8	板书安排得当，字迹清楚工整；多媒体课件有特色，结构清晰，演示恰当	10					
9	把握教学节奏，时间调配合理	10					
10	遵守教学纪律	10					
	各等级合计数						
	得　分						
意见建议							

注：上课无教案者，第一项评价结果为零分。

请评价者在您认为适当的评价等级栏内打"√"，同时请统计并填写各等级合计数及得分。在"意见建议"栏内请填写具体意见和建议。

图 2-5　课堂质量评价表

（2）开发了"三融"课程《动力电池拆装与维护》教案。

广西机电职业技术学院

《动力电池拆装与维护》

教　案

授课学时：　　　　16 学时

适用专业：新能源汽车技术专业、汽车电子技术专业

一、整体设计

（一）内容分析

新能源汽车技术是汽车电子技术专业大二第二学期开设的一门专业拓展课

程，共 70 学时。课程目标为通过理实一体化教学，拓展学生的就业面和专业能力，培养适应新时代需求的掌握新能源汽车主要系统与部件拆装与维护技术的工匠型人才。

　　教学内容选取依据教育部专业教学标准，聚焦汽车行业新领域及产业核心技术，对接"1+X"智能新能源汽车职业技能等级（初级）标准及企业典型保养维护项目，确定参赛教学内容为项目二动力电池系统拆装与维护，共 16 学时。深入挖掘与课程内容紧密相关的课程思政元素，并有机融入课程教学。本项目在课程中的定位以及课程思政元素设计如图 2-6 所示。

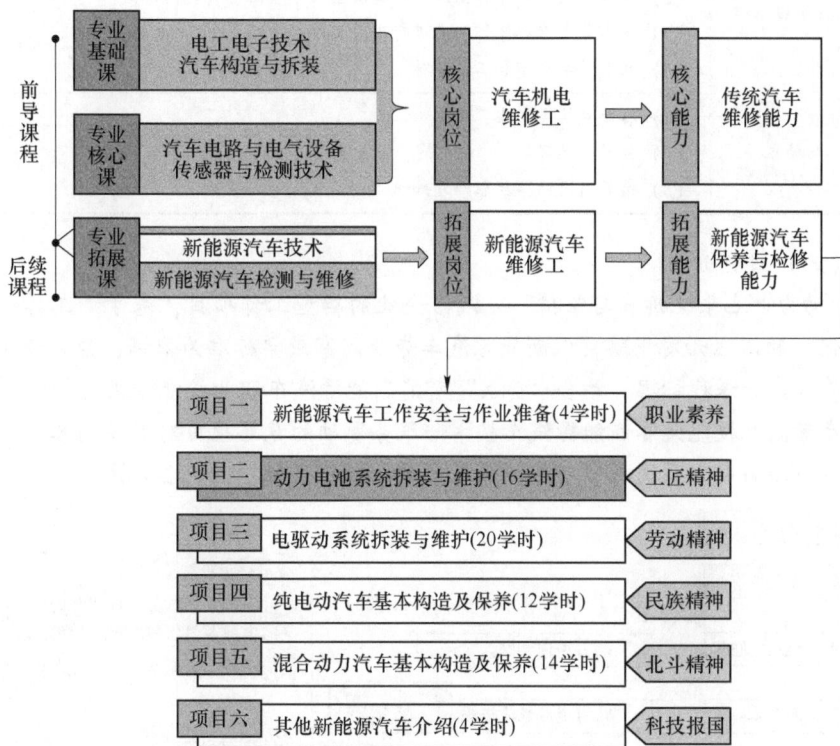

图 2-6　课程整体设计及参赛内容定位

（二）学情分析

　　新能源汽车技术是汽车电子技术专业学生学习的第一门与新能源汽车有关的专业课程。选取的教学内容是学生在学习了新能源汽车工作安全与作业准备的基础上，首次进入新能源实车操作教学环节。具体学情分析见表 2-3。

表 2-3　学情分析

知识和技能基础	(1) 通过前导课程的学习： 1) 掌握传统汽车的构造及工作原理； 2) 能对汽车机械部件和低压电气设备进行保养维护及检修。 (2) 通过本课程项目一的学习： 1) 了解新能源汽车的类型及维修作业安全防护要求； 2) 能正确检查新能源汽车维修作业安全防护设备； 3) 能正确使用新能源汽车常用工具设备
认知和实践能力	(1) 对新能源汽车有较浓厚的兴趣； (2) 没有养成在维修作业过程中查找企业车型维修资料的习惯； (3) 没有养成在维修作业后进行思考总结的习惯； (4) 缺乏劳动意识和工匠精神
学习特点	(1) 喜欢竞技类游戏； (2) 被动性学习； (3) 擅长通过网络获取碎片知识

（三）目标分析

"动力电池系统拆装与维护"是汽修企业的典型工作项目，基于"工作过程系统化"的课程开发思路，以新能源汽车专业国家教学标准为依据，紧扣专业人才培养方案和课程标准，结合"1+X"智能新能源汽车职业技能等级（初级）标准，参考国家技能大赛新能源汽车技术与服务赛项的竞赛项目对教学内容进行重构，剖析动力电池系统拆装与维护项目教学的三维目标，如图 2-7 所示。

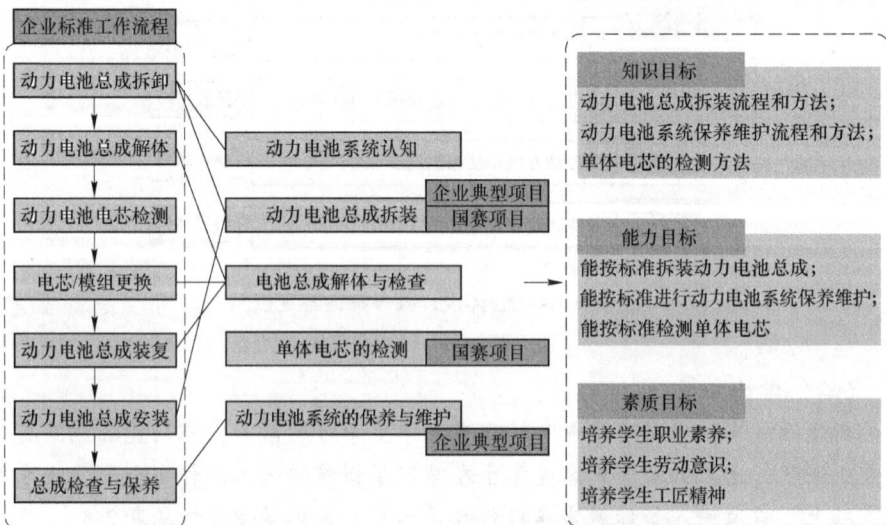

图 2-7　动力电池系统拆装与维护项目三维目标剖析

(四) 内容设计

根据学生的认知规律,以"剥洋葱"的设计思路,将教学内容按照由外至内的特点,由整体拆装到总成解体,直至最内核部件的检测,带领学生层层解开纯电动汽车动力电池的神秘面纱。具体教学内容设计及学时分配如图2-8所示。

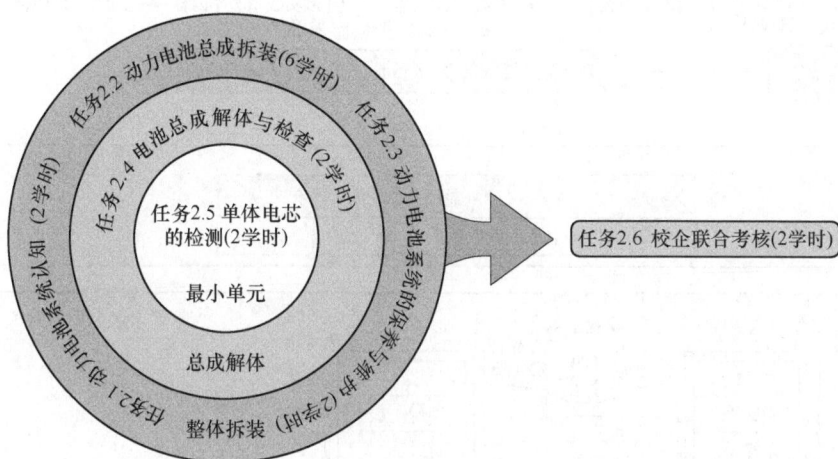

图2-8 动力电池系统拆装与维护项目教学内容设计

(五) 教学策略和模式

根据教学目标及学情分析,本项目采用第一课堂教学主线、第二课堂企业线及第三课堂竞赛线"三线并行"的教学策略,突破学生学习的时间和空间限制,提高人才培养的质量,实现人才培养目标。

第一课堂教学主线按教学内容类型设计不同的教学模式:偏理论型教学内容采用"五步"教学法;偏实践型教学内容采用"3+2"轮换模式;校企联合考核部分则采用"N+1"模式,如图2-9所示。

"五步"教学法:根据学生喜欢竞技类游戏、被动学习的学情特点,采用"明→赛→思→解→评"的竞赛型任务驱动式教学组织方式,在竞赛的过程中激发学生的学习热情,引导学生在完成竞赛任务的过程中学会主动思考,完成教学目标。

"3+2"轮换实操模式:"3+2"即3人实操,2人评分。实操3人中1人为主操手,2人为副操手,2名副操手中的1人还需在作业之余,负责工单的填写;评分的2人进行组间交叉换位,实行交叉评分,其中1人负责评分表打分,1人配合拍摄扣分点照片,作为后续组内总结和教师点评的依据。"轮换"指一轮实操结束后,每组组内成员进行身份互换,原操作手换成评分员/拍照

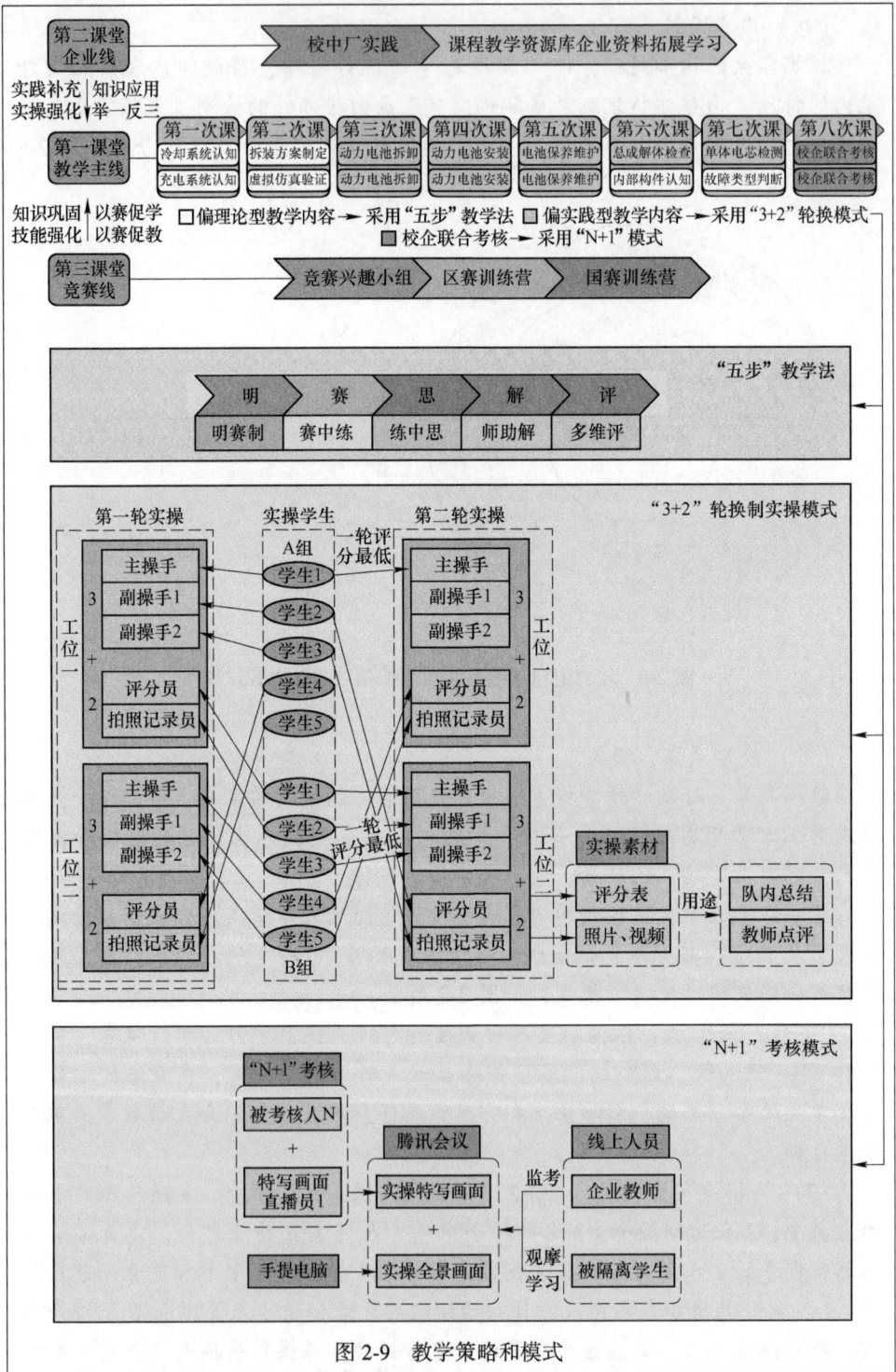

图 2-9　教学策略和模式

记录员，原评分员和拍照记录员换成操作手，第一轮被评分最低的操作手，第二轮继续操作。

"N+1"考核模式："N"即被考核的学生数量，一般为2~3人；"1"即特写画面直播员1人，作用是拍摄被考核学生作业过程特写画面，并通过腾讯会议直播给线上企业教师观看，作为评分的依据。"N+1"考核模式是疫情期间的教学调整手段，通过腾讯会议的直播功能，解决疫情期间企业教师不方便入校参与教学的难题。

（六）教学资源

围绕本项目教学的三维目标，针对学生自学能力不强、喜欢用手机获取碎片知识的特点，整合和开发形式多样、内容丰富的信息化教学资源。

（七）教学环境

本项目主要教学环境是理实一体化教室，分为理论区和实操区，全区域Wi-Fi覆盖。理论区配备2台交互式大屏一体机，20台笔记本电脑和20台平板电脑；实操区含2个工位，每个工位配备1台多功能屏，以满足理实一体化教学和区域间画面交互直播的功能。教学班级58人，为保证理实一体化教学质量，采用分组教学的模式，将全班分为3组，每次课1组19~20人。

（八）教学评价

通过云课堂实现教学全过程数据采集和即时评价，主要由过程性评价（课前、课中、课后）和总结性评价（单元考核）组成。评价主体包括校内专业教师、企业兼职教师和学生三方，评价要素设计紧扣三维教学目标，以评判目标是否达成。具体配分情况如图2-10所示。

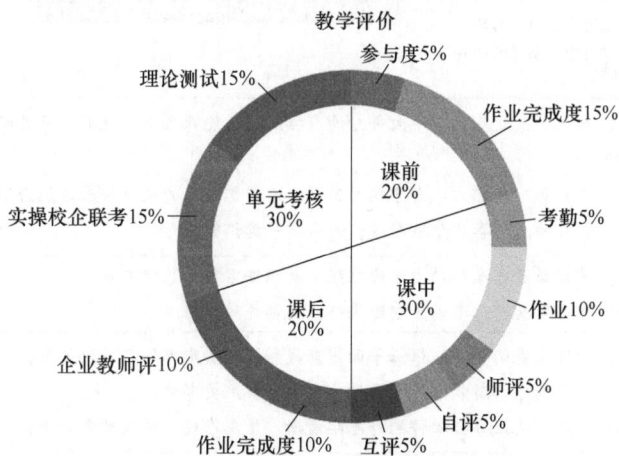

图2-10 教学评价要素及配比图

二、单元详细设计

教案一　动力电池系统认知

表 2-4 为动力电池系统认知教案内容。

表 2-4　动力电池系统认知教案

教学分析						
教学基本信息						
课程名称	新能源汽车技术	授课班级	汽电 1801	授课学时	2 学时（90min）	
上课时间	第＿＿周（周＿＿）第＿＿节	授课方式	理实一体化	授课地点	理实一体教学区（实操区 2 工位）	
班级人数	58 人	授课分组	3 组	本次授课学生人数	19~20 人（含被隔离学生）	

教学内容	由外至内，逐层解剖 整体拆装维护（10 学时） 2.1 动力电池系统认知 2.2 动力电池总成拆装 2.3 动力电池系统的保养与维护 总成解体（2 学时） 2.4 电池总成解体与检查 16-1　动力电池冷却系统认知 16-2　动力电池充电系统认知 最小单元（2 学时） 2.5 单体电芯的检测 终极考核（2 学时） 2.6 校企联合考核

学情分析	（1）知识和技能基础：绝大部分没有接触过新能源汽车；没有学习过新能源汽车相关结构知识。 （2）认知和实践能力：自学能力较弱，看图识物能力及口头表达能力不强。 （3）学习特点：喜欢竞技游戏，团队竞争意识较强

教学目标	知识目标	（1）掌握新能源汽车动力电池系统主要构件名称及装配关系； （2）掌握新能源汽车动力电池系统主要部件的作用
	技能目标	（1）能独立查阅资料，根据平面图查找和识别实车部件及装配关系； （2）能正确介绍新能源汽车的动力电池系统主要部件； （3）能熟练运用办公软件制作思路清晰、信息准确、图文结合的课件
	素质目标	（1）培养学生团队协作意识，能借助工匠精神：团队力量解决问题； （2）培养学生疫情防控意识不松懈，有护小家为大家的家国情怀； （3）培养学生语言组织能力及表达能力

续表 2-4

教学重点	（1）动力电池总成及冷却系统部件之间的装配关系； （2）动力电池系统快充、慢充的充电路径
教学难点	（1）动力电池冷却系统循环路径； （2）动力电池充电系统车载充电机的作用

教学设计

学生：自学、自测　　　　　课中　　　学生：做中主动学　　线上+线下　　学生：举一反三

线上　｜　课前预习　→　明　→　赛　→　思　→　解　→　评　→　课后练习　｜　线上

教师：调整教学　　　　明赛制　赛中练　练中思　师助解　多维评　　　企业教师：评价教学效果

教师：组织、引导

教学方法	任务驱动法、分组竞技法、头脑风暴法、自主学习法
教材调整	（1）依据企业典型工作任务：动力电池总成更换工作任务操作标准，认识系统部件要求； （2）对接"1+X"智能新能源汽车职业技能等级证书（初级）：动力电池总成拆装检查任务技能点； （3）参考全国职业院校技能大赛新能源汽车技术与服务赛项："动力电池组拆装及检测"考核点； （4）结合全国汽车专业"十三五"规划新教材《新能源汽车技术》。 *本次课增加纯电动汽车动力电池总成冷却系统的内容；将"第9章 新能源汽车的充电原理和装置"调整至本次课任务16-2*
教学资源	电子教材、企业维修手册、培训资料、PPT办公软件、仿真软件、动画、导学课件、智慧职教、爱课程网
教学平台	云课堂、腾讯会议、QQ

（二）科研育人

科研是立德树人的一个重要载体，是"三全育人"过程中不可忽视的重要环节。教育与科研结合是现代高职院校的重要特征，高水平高职院校要落实立德树人根本任务，培养一流创新人才就要充分发挥科研育人功能，培养学生科研能力、科学精神、科研道德和思想品德，培育健全人格，树立正确世界观、人生观、价值观，服务党和国家建设发展。

在科研促进教学、人才聘用、双创教育、学生综合素质评价、学习成长情况等方面出台或修订制度文件，明确育人职责，凝聚共识，形成激励，保障科研工作始终围绕立德树人、聚焦高质量创新人才培养。

科研育人的主体是教师。科研过程中，学生和教师长时间地朝夕相处、密切接触、深入交流。教师是学生的榜样，是学生观察社会了解社会学习社会的一个重要窗口，教师不仅对学生的学术能力的提高至关重要，更对学生的成长和未来的发展产生长期的影响。教师应该成为学生的信仰之师、学问之师、品行之师，既要育智，更要育人。因此，在科研育人的过程中，教师必须是合格的科学工作者和教育工作者，在做好自己的基础上倾心引导学生的发展。

交通工程学院不断探索，构筑了科研育人平台，依托国家级教学名师工作室充分开展了系列"三全育人"的实践研究。2020 年，学校成立了"彭朝晖国家级教学名师工作室"，并统筹安排了每年 25 万元科研活动经费用于人才培养的专项研究，该工作室自设立运行两年来，始终发挥着人才培养"指挥哨所"的作用，成了"三全育人"方案设计的"孵化器"，成了成功吸引政府及企业人员进驻推进"三全育人"的"助推器"，成了带领全体教师落地实施"三全育人"的"着陆器"。

1. 建立科研育人导向机制

（1）把正确的政治方向、价值取向、学术导向体现到科学研究全过程各环节。共商共研，创新制定人才培养新方案。为有效践行"旺工淡学、二元四阶"成蝶式人才培养模式，全面加强人才培养效果，工作室通过市场调研，充分论证，分析了必要性和可行性，最后推出了"旺工淡学、二元四阶"成蝶式人才培养模式的一揽子实施方案；凝心聚力，开发融入课程思政的汽车类专业教材，组织编写了融入课程思政的广西"十四五"规划教材《新能源汽车装调与测试》，主编了由人民交通出版社出版的《汽车配件管理》教材，开发了《汽车认知实训》活页式实训校本教材；多方联动，拓宽"三全育人"平台。2021 年 5月，在该工作室的组织策划、具体推动下，广西机电职业技术学院、宁波市杭州湾新区人社局、吉利汽车集团三方签订"政校企联合建设校地合作基地协议"，搭建了集政策资源、教育资源、产业资源于一体的育人平台，为"三全育人"奠定了更坚实的基础。

健全课题申报评审办法，在进行各类课题申报评审中，注重考核是否达到了提升教职工培育学生政治思想觉悟、全面培养学生德智美体劳全面发展的教育能力；结合广西党委政府强首府政策，加强与当地相关企业联系，申报 3~5 项为南宁交通行业企业提供专业技术支持的横向课题，为企业解决急、难问题，提升学生的专业自豪感、归属感；制定科研激励管理办法，鼓励学院全员利用专业优势开展科研活动，对获得专利授权的、成果转化落地的进行奖励。

（2）建立科教协同育人机制，在培养师生至诚报国的理想追求、敢为人先的科学精神、开拓创新的进取意识和严谨求实的科研作风上狠下功夫。研究建立科教协同育人机制，筛选出适合于师生共同开展的学习研究项目，成立 2~3 个教材编写素材采集、汽车部件装配调整规范操作等专项师生研究团队；建立师生共商教学事项制度，在制定课程标准、授课进度计划、申报课程思政课题时，邀请优秀学生代表参加研讨，高度重视学生意见和建议，使各项科教活动更符合学生特点，更高效；成立"汽车维修技术师生研发团队"，共同研究汽车售后服务技术、开发故障诊断流程，为区域汽车企业提供技术服务。

2. 健全科研团队评价制度

科研评价对科研团队的科研活动有很强的导向作用，公平合理的科研评价能有效激励科研团队研究，促使科研投入高效合理利用。在高校纷纷组建科研团队进行科研创新并进行相关科研成果评价考核验收的过程中，暴露出科研团队的水平参差不齐。

但制约因素会影响高校科研评价的公平公正，而科研团队评价中的缺陷又进一步限制了科研团队发展的问题。因此，当前科研团队建设与科研项目评价中存在的评价指标不全面不合理、行政干预科研、团队临时搭建不稳定等问题必须要及时解决。

交通工程学院在分析我国高校科研团队科研成果评价中存在的问题基础上，借鉴国内外高校关于团队科研评价改进实例与经验，大胆探索了团队科研评价改进建议与实践。把思想政治表现作为组建科研团队的底线要求，把育人成效作为科研团队表彰的重要参考。将思想政治表现作为各专业教研室年度考核的重要指标；明确将思想政治表现、育人成效列入了各专业教研室开展各项学术活动的评价指标。制定科研团队成果评价标准，明确思想政治表现作为评价指标体系的基本要素。规范评价结果运用，把思想政治表现考核结果运用到科研项目申报，不合格者一票否决。

（1）重视学科创新差异化，实现多元化成果评价制度。

1）科研是一个厚积薄发的长期过程，其科研评价应遵循学科规律，对部分学科的科研成果应从一个更长的时间区间进行考核，避免科研人员疲于应对科研考核。以最早实行学术代表作考核制度的复旦大学为例，学校为促进学术事业健康发展，解决个别确实优秀但又不符合刚性数量要求的教师所面临的晋升难题，在2012年开始推出学术代表作制度，对相应研究领域专家的精挑细选形成严谨的同行评议制度，借助回避制度来公平公正地选出确实拥有优秀科研成果的科研工作者。如此一来，科研工作者不必频繁应对科研考核，而是沉下心来专注于提升科研成果质量。

2）科研应摒弃原来"一刀切"的做法，依据研究规律差异出台有针对性的评价方案。基础理论研究周期较长，应减少甚至取消"量化"，逐步引入同行评议、代表作制度，减少量化所引起的急功近利行为。针对应用型研究，应该强调其产生的社会经济效益与社会影响力。以美国为例，其科学领域研究是问题导向型的，在结合实证、保重实用、重视方法多元与创新的前提下，相关研究成果会对政府决策产生深远影响，其基础研究成果的考核评价方法以引文分析和同行评议为主，而应用型研究成果的考核评价方法则是以社会经济效益评价为主。与美国类似，欧盟也重视科学研究成果的社会效益转化问题。欧盟的科研经费通过科研计划进行分配，而相应的科研成果评判标准也以其对社会经济效益的影响为依据。2014 年起，受财政支出压力评估成本的逐年上升影响，英国开始重新审视成果评议制度，对科研经费分配进行改革，引导科研为社会做贡献，开始强调科研成果在学术价值以外的社会经济效益，在评价指标中增加对社会效益影响的评估。这样可以弥补评价指标对社会经济效益实现忽视的不足，同时引导科研工作者形成不仅仅为政府服务也要为社会公众服务的意识。当前我国科研团队更偏重理论研究，科研人员把精力更多地投放在论文、著作发表，而不太重视研究成果是否有实践价值，忽略科研应为社会服务的宗旨。暨南大学的科研成果评价中加入针对应用类成果的特别规定，若科研成果产生的直接经济效益超过一定数额，则提升相应的评价等级。暨南大学将经济效益引入科研成果评价中，体现学校对科研社会效益的重视，引导科研团队为社会服务。

（2）注重质量与研发过程，扩大监督学术成果范围。

1）应建立公平公正的评价制度，推动多方参与学术监督机制，破除我国社会监督力量既没有渠道参与科研评价，自身也没有动力参与评价的困局，以保证科研成果质量。在完善同行专家评议制度的同时，探索拓展社会公众参与学术评价监督的渠道。在进行科研评价中，引入第三方评价制度，使行业、企业、社会机构等多方参与评价，同时在评价中，确保专家能持独立观点以此来减轻科研评价中的行政干预问题。在学校的科研成果评价中，校方将部分科研成果评价标准制定权力下放到院系，这有助于各学院依照自己的学科发展特点制定适宜标准，在避免行政干预科研成果评价中向前迈了一步，给予科研团队更大的科研自由空间。

2）从更深层次角度来讲，引起学术诚信问题的原因在于团队成员贡献评价制度的不合理。应对此症结，可以在论文中引入作者贡献来避免仅仅依靠文献计量指标数据来评价科研成果。从 2004 年开始，《美国医学会杂志》开始要求在发表团队合作科研成果时，要在来稿中声明稿件中每位团队成员的工作内容与相应负责部分，同时允许标注同等贡献。而《自然》的《作者指南》中也希望来稿说明每位作者贡献。共同作者制度与团队成员研究贡献度声明的出现表明国外学术界对团队成员荣誉与团队成员责任的重视，这种方式不仅规避了学术道德风险与著作权争议，同时，也使得团队成员实现权利与义务的对等。由此，作者贡献制度的出现让学者享受科研成果带来荣誉的同时承担相应的责任，自觉地规范自己的学术行为。这种权责明晰的团队合作制度有助于保证团队公平合作，促使人们不仅重视团队科研结果，也重视团队的合作过程。

（3）注重团队建设，健全团队领导机制。

1）健全领导机制。团队领导要勤勉完成信息资源收集、人力资源管理、物质资源分配等本职工作。同时在团队利益分配中，团队领导应做到公平公正；在团队建设时，坚持以人为本原则，关爱团队成员，团结团队成员，形成包容性团队环境。让团队成员感觉到被尊重与认可，从而提高每位成员的团队归属感，调动团队成员的工作积极性。

2）进行科研成果评价时应综合考虑团队成员所处岗位与未来职业发展。处于不同类别的教师在科研与教学上的侧重点会有所不同，那么进行科研评价时就需要针对教师类别与科研教学侧重点的不同施行分类评价，形成层次类别合理、岗位职责明确的分类评价标准。学校在教授、副教授等职称评审上，淡化数量要求，强调质量，对于满足条件的优秀青年教师允许其不受年限与职务的限制，破格申报相应职务，建立起杰出青年科研工作者晋升的"绿色通道"，这大大激励了青年教师的科研积极性与创造性。

3）在科研团队成果评价中做到科研风险与科研评价奖励相对等，给予前瞻性交叉学科科研团队一定制度保证。交通工程学院在考虑科研任务的特殊性下，给予前沿领域团队成员相应制度保证，使得科研风险与制度保证成正比，降低了前沿领域与交叉学科领域等高风险科研团队人员的压力，激发了前沿交叉学科科研团队的活力与创新动力。

4）高校科研对国家社会发展与人才供应有深远影响，高校科研的大量投入有必要对科研成果进行验收。高效科学的考核评价方式必然引导我国科研事业可持续发展。现阶段我国的科研评价方式仍存在诸多不足，简单套用已有评价标准对科研团队成果进行评价，无法发挥科研评价应有的效果。因此，各高校有必要在考虑各学科科研特殊性的前提下，针对当前科研评价方式的问题进行科研管理方式改进，这样才能激发科研创新，促进高水平科研团队的健康发展。

3. 科研育人成效

交通工程学院科研育人成效主要如下。

（1）建立了科研工作考核办法，如图2-11所示。

附件4：广西机电职业技术学院科研工作考核办法

为建立有效的科研运行机制，充分调动各基层部门、全体教师和科研人员的科研积极性，形成多出成果、出高水平成果的激励机制，促进人才成长，促进学校教学、科研水平的提高，特制定本考核办法。

一、考核对象

科研工作考核对象为各学校所有在职在岗的教学科研型专职教师（含教学科研型实训指导教师）。

二、考核标准

1.科研工作实行量化考核，科研工作量以"分"为单位。

2.定额标准

教学科研型专职教师的年科研工作量定额见表 1。

表 1　科研工作量的定额

人员类别	正高	副高	中级	初级	员级	高级技师	技师
年工作量定额	140	105	70	35	15	90	60

备注：

1.因生育、疾病（一个月以上）、进修学习等各种原因请假的，其科研工作量由个人自行选择按标准定额或按以下有效工作时间产生的科研工作量定额进行考核：年度在校上班的天数÷当年全年的天数×同层级人员的科研定额工作量。

2.对于考核期内专业技术职务发生变动的教师，按原专业技术职务对应的定额标准进行考核。

3.因学校工作需要，在行政教辅人员、专职辅导员、实验实训管理教师与教学科研型专职教师之间互相转岗的，或由学院安排到地方或企业挂职锻炼的，其年度科研工作量定额按以下公式进行折算：

在专职教师岗位工作的总月数÷12×对应层级科研工作量定额标准

图 2-11　科研工作考核办法

（2）建立《广西机电职业技术学院科研工作管理办法》。

广西机电职业技术学院科研工作管理办法（节选）

第一章 总则

第一条 根据中共中央办公厅、国务院办公厅《关于进一步完善中央财政科研项目资金管理等政策的若干意见》（中办发〔2016〕50号）、《关于实行以增加知识价值为导向分配政策的若干意见》（厅字〔2016〕35号）和自治区人民政府办公厅《关于印发广西加大财政科技经费投入与改进财政科技经费管理实施办法的通知》（桂政办发〔2016〕115号）等文件精神，为激发广大教职工科研工作的积极性、主动性和创造性，进一步规范学院科研工作管理，推进科研工作的科学化、制度化、规范化建设，结合学院实际，制定本办法。

第二条 教务科研处是学院科研工作的归口管理部门。其工作职责主要包括科研项目的信息发布、项目申报、进度检查、结题验收、经费管理、成果管理及奖励等。

第三条 适用本管理办法的科研项目根据立项渠道分为：纵向科研项目、横向科研项目、院级科研项目。

（1）纵向科研项目指以学院名义承担地厅级以上（含地厅级）政府部门的各类科研项目。

地厅级以下政府部门及协（学）会科研项目并列院级科研项目级别。

（2）横向科研项目指以学院名义承接的企事业法人单位通过委托与协作的技术开发、技术服务、技术咨询、科学研究等有资助经费纳入学院财务统一管理的科研项目。

（3）院级科研项目指在学院立项的科研项目。

第二章 科研项目的申请、审批、立项及组织实施

第四条 科研项目的申请

1. 申请范围

科研项目的申请范围包括哲学、人文科学、自然科学、工程与技术、艺术等学科领域的基础研究、应用研究、试验发展、推广应用和科技服务等。

2. 申请条件

（1）纵向科研项目的申请条件按项目文件规定要求执行。

（2）院级科研项目的申请者必须是在职在岗教职工。

（3）有主持院级科研项目到期未结题的项目负责人不能再申报院级项目。

（4）有违反科研工作管理办法者不予申请。

3. 申请程序

（1）项目申请人填报科研项目申请书。

（2）项目申请人所在部门审核后报教务科研处。

第五条 科研项目的审批程序

1. 形式审查

教务科研处对科研项目申报材料进行形式审查，审查合格后，根据科研项目所属的专业性质，结合专家库成员的专业研究方向，按项分类提交相应的专家评审。

2. 专家评审

学院设立科研项目评审专家库。专家库成员由学院学术委员会成员、学院高级职称教师、院外特聘专家组成。项目评审时，从专家库中遴选出专家组对项目材料进行评审。评审根据科研项目年度实施的实际需要申请预算，合理安排支出，最大限度地减少资金的结转结余，提高科研项目年度预算的执行效率。

（1）结转经费是指在科研项目实施期间，年度剩余资金结转下一年度按

规定继续使用。

（2）结余经费是指科研项目任务目标完成并通过验收后，结余资金按规定留归项目组使用，在 2 年内由项目组统筹安排用于科研活动的直接支出。2 年后未使用完的，按原规定收回。

（3）对未通过验收和经过整改才予验收的科研项目，或信用评价较差的科研项目，结余资金按第十二条第四点要求处理。

第六条～第十二条略。

第十三条 科研经费报账审批权限规定

科研项目经费报账由项目负责人填写报账审批单，经所在部门负责人初审，教务科研处科研科审核，教务科研处负责人签署意见后，报财务处审批。报账审批权限按照《广西机电职业技术学院财务报账管理办法》规定执行。

第四章 奖励与处罚

第十四条 奖励

学院鼓励教职工积极承担各级各类科研项目，多出优质成果。对科研项目的优秀成果给予奖励，奖励办法按《广西机电职业技术学院科研成果奖励管理办法》执行。

第十五条 处罚

（1）科研项目获得立项后，凡不履行协议、擅自终止项目研究，并给学院造成直接经济损失的，学院除了向项目负责人追究经济赔偿损失外，3 年内取消项目负责人评优评先和申报科研项目的资格。

（2）在科研项目研究过程中，有学术不端行为者，按教育部《高等学校预防与处理学术不端行为办法》处理，对各类违规使用科研经费的行为，按规定采用通报批评、暂停项目拨款、终止项目执行、追回已拨项目资金、3 年内取消科研项目申报资格等措施严肃处理。涉嫌违纪的，移送纪检监察机关处理；涉嫌违法犯罪的，移送司法机关依法处理。

第五章 附则

第十六条 本办法由学院教务科研处负责解释和组织实施。

第十七条 本办法自发文之日起施行，同时废止 2017 年 12 月 19 日印发的《广西机电职业技术学院科研工作管理办法》。

此前规定与本办法不一致的，按本办法执行。

附件：1. 广西机电职业技术学院科研项目立项评审评分参照标准

　　　 2. 广西机电职业技术学院科研项目立项评审评分表

　　　 3. 广西机电职业技术学院科研项目经费使用计划表

　　　 4. 广西机电职业技术学院科研项目经费使用调整表

> 5. 广西机电职业技术学院科研项目年度执行情况表
> 6. 广西机电职业技术学院科研项目调整申请表
> 7. 广西机电职业技术学院科研项目成果专家（个人）鉴定意见表
> 8. 广西机电职业技术学院专利/软件著作资助申请表

第三节　有创新的校企合作

当前社会竞争激烈，包括教育行业，大中专院校等职业教育院校为谋求自身发展，抓好教育质量，采取与企业合作的方式，有针对性地为企业培养人才，注重人才的实用性与实效性。校企合作是一种注重培养质量，注重在校学习与企业实践，注重学校与企业资源、信息共享的"双赢"模式。校企合作做到了应社会所需，与市场接轨，与企业合作，实践与理论相结合的全新理念，为教育行业发展带来了一片春天。

校企合作的优势如下。

（1）校企合作适应社会与市场需要。校企合作，学校通过企业反馈与需要，有针对性培养人才，结合市场导向，注重学生实践技能，更能培养出社会需要的人才。

（2）校企合作是一种"双赢"模式。校企合作，做到了学校与企业信息、资源共享，学校利用企业提供设备，企业也不必为培养人才担心场地问题，实现了让学生在校所学与企业实践有机结合，让学校和企业的设备、技术实现优势互补，节约了教育与企业成本，是一种"双赢"模式。

校企合作是高职学校培养高素质技能型人才的重要模式，是实现高职学校培养目标的基本途径。进一步搞好高校的职业教育，实现高校办学思想和培养目标，进一步促进人才培养模式和办学机制的根本转变，在进一步发挥好学校和企业（或行业）作用的同时，加大推进校企合作力度，更好地发挥职业学校高素质技能型人才培养基地的作用。

交通工程学院以服务为宗旨，以就业为导向，大力推进校企合作人才培养模式，突出实践能力的培养，加强为经济社会发展服务的能力，深化校企合作融合度，更新教学理念，依托企业行业优势，充分利用教学资源，建立校企深度合作、紧密结合，优势互补、共同发展的合作机制，达到"双赢"的目的，提升学院教育教学水平和人才培养质量，努力开创校企合作的新局面，探索出一条"实践育人"的新路径。

一、校企合作主要模式

校企合作主要模式主要包含以下几种。

(1)"企业引入"模式。由学院提供场地及其他各种服务，将企业引入学校，建成校内生产性实训基地，为学生提供生产性实训岗位。通过合作方式，企业得到了学校在厂房、技术及技术工人等方面的支持，降低了生产成本，而学校获得了学生顶岗实习、教师参与技术开发等机会，取得了生产与教学双赢的效果。

(2)"设备共享"模式。由企业和学校共同提供设备，建立生产性实训基地，企业进行生产的同时，为学生提供生产性实训岗位。这种合作模式实现了校企资源的互补和共享，使双方的设备兼具教学和生产功能，大大提高了设备利用率。

(3)"技术推广"模式。由企业提供先进的生产设备（企业产品），以学院教师为主体针对本院学生及社会人员开展的新设备、新技术应用培训。通过这种合作，学生获得了最新的技术培训，掌握了先进设备的操作技能，而企业则达到了发展潜在客户的目的。

(4)"岗位承包"模式。学院承接企业生产流程外包业务，在企业技术人员的支持下开展生产活动，教师成为生产过程中的技术与管理人员，学生交替进行顶岗工作。通过这种合作，企业降低了生产成本和人力成本，而学院的师生都得到了真实生产的锻炼。

(5)"校企共训"模式。将企业的内训机构引入学院，学院免费提供场地和设备，双方共同组建"捆绑"式培训团队，为企业员工和学院的学生进行专业技能培训。这种直接引入企业培训课程和培训师资的模式，使学院的课程能紧跟企业要求和技术发展，同时扩充了兼职教师队伍。

(6)"培训移植"模式。移植跨国公司的员工培训项目，由企业提供设备及教师培训，教师取得企业的资格证书后，为企业培训员工，同时面向学生实施"订单式"培训。通过这种合作模式，学校不仅在设备、技术上获益，学生的就业质量也得到了保证。

(7)"实训承包"模式。由学院提供场地，企业提供设备和师资，在校内建设仿真实习场所，对企业员工进行培训，同时承包学院的相关实训课程。

二、实践育人

交通工程学院突出实践育人，创新性提出了"旺工淡学、二元四阶"成蝶式人才培养新模式。根据企业用工需求的不确定性，实行弹性学习制度，校企联合制定学生入企实践的实习细则，选择能够实现工学结合的实习岗位，制定配套实习课程标准及教学资源，使在企业生产过程中有效融入专业教学活动成为可能。与吉利汽车集团共建产业学院，创新与实践了"旺工淡学、二元四阶"成蝶式人才培养模式，构建了"实践（企业跟岗实习）—理论（校内理实一体化教学）—再实践（企业顶岗实习）"新三段式的课程体系，如图2-12所示。将课程思政"观念上移（上升至专业层面）""重心前移（课程思政的主要场所前移到学生的实习岗位）""方法下移（在企业工作岗位上由校企共同完成融入课程思政的课程教学）"，打出基于人才培养模式改革的"组合拳"。

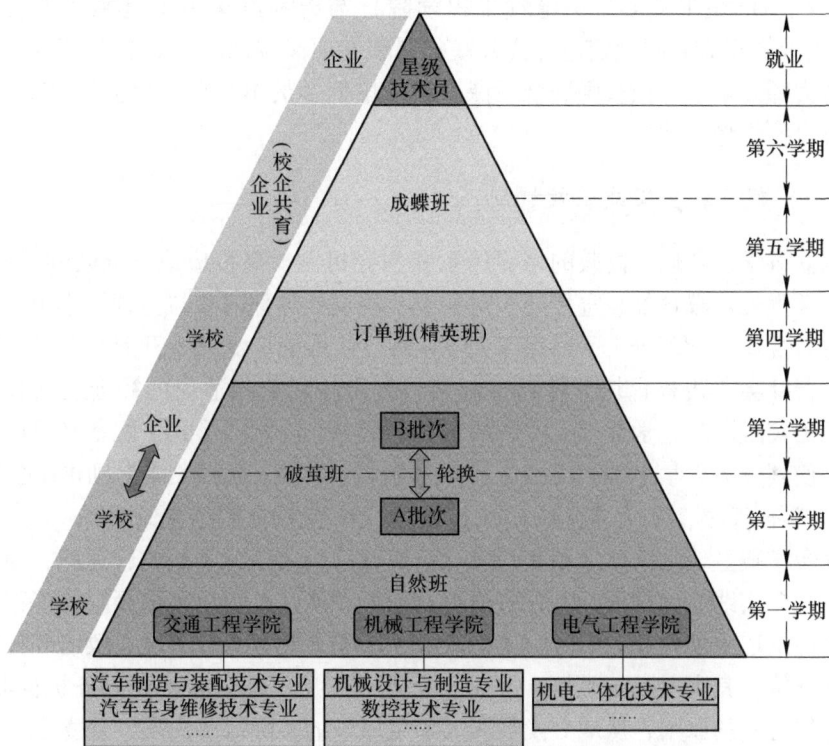

图 2-12　"旺工淡学、二元四阶"成蝶式人才培养模式图

交通工程学院通过校企共建长效稳定的实践育人基地。主要合作企业如下。

（1）2020 年与世界 500 强企业——吉利汽车集团有限公司深度合作，建成机电-吉利汽车校外实践育人基地，2020 年下半年以来，共安排 700 多人次学生先后到吉利汽车宁波杭州湾、梅山、极氪等基地进行跟岗和顶岗实习，成为该企业"全国最佳合作院校"。

（2）2020 年与广西本土的中国制造业 500 强企业——广西汽车集团有限公司开展现代学徒制订单培养，建成机电-广汽集团校外实践育人基地，每年安排200 多人次学生前往基地接受生产一线的培养，建立了长期校企合作关系。

（3）2017 年以来与南宁科创进口汽车维修公司共建机电-科创"校中厂"生产性实践育人基地，一方面成为长期接纳学生正常地入厂开展生产性实训场地，另一方面又可成为校外跟岗实习学生由于个人或企业因素而返校实习的"兜底式"校内实践基地。该基地每年可接纳超过 600 人次的学生课程实训、跟岗实习、顶岗实习等各类实践教学活动。

交通工程学院开展"定制式"高技术人才培育。面向相对高端岗位（新能源汽车装调岗、生产设备维修岗），立足"专业群"的建设思路，跨院系（交通工程学院、机械工程学院、电气工程学院）与吉利汽车集团组建"吉利精英班"，由校企双方共同制定包含公共基础课和专项岗位课的"定制"课程，由企业技能大师和学校专任教师联合授课，累计培养学员 109 人，为企业"定制式"输送技术技能型人才。

（一）建立社会实践长效机制

建立科学、合理、高效的培养体系和领导机制。高校应成立党政领导挂帅，团委、学生处、教育处、宣传处、财务处、科技处等部门参与的领导小组，各级组织通力合作，合理分工，以保障大学生社会实践能广泛深入开展。此外，应建立和完善社会实践教育培养体系，制定与大学生专业相适应的社会实践教学大纲，规定实践课时、学分以及实践的目的、任务、内容和形式，配备必要的指导老师，使其成为大学生的一门必修课，并与大学生的评优评奖等激励机制挂钩。

1. 整合资源，扩大宣传，建构广泛的大学生社会实践基地体系

社会实践基地是大学生顺利开展社会实践的重要保障和载体，因此，新时期大学生社会实践要出成绩，首先应通过期刊、广播、电视和网络等媒体多渠道生动地宣传报道大学生社会实践，扩大其社会影响力，努力寻求地方政府和社会的认可和支持；其次主动与社区、乡镇、企业、工厂、部队和社公服务机构联系，本着合作互利的原则，从地方发展和大学生成长的实际需要出发，建立多种形式的社会实践基地。在基地建设中，要充分发挥高校的科技和学术优势，走产研结合的道路，把高新的技术成果和先进理念带到基地，把社会实践与促进地方经济的繁荣发展相结合，努力实现共赢，让社会实践成为促进大学生全面发展，深化高校教学改革以及推动地方经济发展的有效途径之一。

2. 探索多样化、行之有效的新模式，增强大学生社会实践的针对性和时效性

（1）针对大学生普遍关心的社会焦点和热点问题，组织低年级同学以调查研究为主要形式的实践考察，让学生通过社会调研走进社会、了解社会。

（2）结合学生专业发展需要，组织高年级同学做好扩充知识和实践锻炼为目标的教学实践，让学生来到生产第一线，加深对专业的认识和了解，把课堂学到的理论知识运用到实践中，锻炼自己的动手能力和发现问题、解决问题的能力。

（3）根据社会发展的需要，组织开展以文化、科技、卫生服务为核心的三下乡活动，增强同学们的服务意识，鼓励同学们用所学的知识为人民办好事，做实事。

（4）针对学生个体发展需要，鼓励同学根据自身的兴趣爱好独立参加一些社会实践活动。

3. 改变单一的组织模式，采取集中与分散，点面结合，组织与自发等多种形式

既要根据学校的人力和财力的实际情况，有所侧重地组织小分队进行社会实践，同时对回原籍参加社会调查的同学也应集中管理组成小分队，统一进行社会调查或生产实践。此外应注意教学计划外和教学计划内、校内和校外基地的结合，积极探索建立社会实践与专业学习、服务社会、勤工俭学、就业创业相结合的管理模式。实践的安排上还应把单纯性阶段实践变为经常性的长效实践，根据专业和地方发展需要制订短期和长期实践计划，做到假期与平时结合，充分利用各种渠道和空间，增强社会实践的针对性和实效性。

4. 交通工程学院建立了社会实践长效机制

交通工程学院在社会共同关注和支持下，结合时代发展的需要，不断总结经验教训，开拓创新与时俱进，健全和完善了社会实践的各项规章制度，建成了自己的一套完整的实施方案。

（1）建立相对稳定的实践育人基地。完善"一企一案"的校企合作实践育人基地管理制度；完善"一企一案"的实践育人模式及课程标准；完善统一的育人质量考核评价标准；继续创新探索校企协同育人模式：与吉利汽车探索落实"1+1+1"联合培养模式；与上汽通用五菱探索落实以教学为主的工学交替联合培养模式。

（2）拥有1~2个社会实践精品项目。成立"吉新星"社团，推行"吉利校园文化大使"精品项目。为校企深度融合，提升师生对中国汽车企业文化、工匠精神、现代汽车技术的了解，增强文化育人成效，2021年8月至今，交通工程学院与吉利汽车集团联合打造了"吉利校园文化大使"项目，许新福老师及蓝森凯、陈漫漫两位同学被吉利汽车集团有限公司聘为"校企文化大使"，以"吉新星"社团为平台，传承国企工匠精神，提升个人综合素养，服务学校和企业。

（3）开展"定制式"高技术人才培育。完善项目指导教师和文化大师的选拔和聘用机制；开发精品项目用于辐射其他院（系）的子项目；通过由学院牵头成立的广西县级职校汽车专业发展联盟，将精品项目向前端中职院校辐射；将与吉利汽车合作开展的精品项目经验应用于与区内企业合作，共建升级版的精品项目1~2项。

（4）建立大学生志愿服务认证和表彰制度。制定了《交通工程学院志愿服务

队管理办法》，对志愿服务的组织形式、积分奖励、认证监管进行了明确规定；制定了《交通工程学院志愿服务表彰制度》，明确了表彰项目、评选条件及奖励制度。在原有基础上，根据学院的发展，修订完善《交通工程学院志愿服务队管理办法》，优化志愿服务的组织形式，扩大认证范围；修订《交通工程学院志愿服务表彰制度》，增设特色化表彰项目。

（二）推进实践教学改革

实践教学评价机制是实践教学体系的重要环节。它是一个实践教学过程的结束也是下一个实践教学的开始。目前高校实践教学评价机制陈旧单一，还停留在通过作业、实践报告以及实践指导教师的评分等方面来评定学生的成绩，而对于学生是否通过实践教学环节真正提高了专业技能，以及对于实践教学的整体质量和实施效果缺乏准确的把握，难以体现实践教学的最终目的。针对目前高校办学定位不准、办学经费有限以及评价机制陈旧单一等现实状况，各高校难以广泛开展实践教学活动，难以提高学生的实践能力，难以培养服务地方的应用型人才，所以，高校改革和发展实践教学势在必行。高校实践教学改革的措施如下。

（1）转变实践教学观念。实践教学改革的关键是要转变高校对实践教学的认知和态度。要意识到实践教学不仅是高校教学模式的重要环节，更是其"软肋"。要树立实践育人、合作育人的观念，更加注重创新性和综合性能力的培养。创立高校与科研院所、行业、企业联合培养人才的新机制，让学生在参与科学研究和社会实践中提高实践能力，避免高分低能的现象；也只有将所学应用到实际，才能更好地挖掘个人潜力，更好地为社会主义建设服务，才能最大限度地实现社会化。

（2）构建实践教学体系。教育部指出，高校应着眼于社会发展和人的全面发展需要，坚持知识、能力、素质协调发展，注重能力培养，坚持以社会需求为导向，深化教学改革，构建主动适应经济社会发展需要的人才培养体系。当然，高校还要预测各专业对应行业的整个发展趋势，及时调整，合理规划，不断满足市场变化的需要，满足服务地方建设的需要。

（3）建立科学评价机制。能否建立合理、科学的实践教学评价机制，已成为能否构建与完善实践教学体系的重要环节。高校应采取切实可行的措施，将实践教学置于有效的监控之下，用科学合理的评价指标来衡量实践教学。当然实践教学评价机制还要与理论教学评价机制紧密联系在一起，贯彻理论联系实际的教学原则。

（4）加大教育资源投入。提高实践教学效果，必须要建设一批产学研结合的校内实验室和校外实习基地，建设一批开放共享的，互利双赢的实践教学平台。这就需要高校加大资源投入，加强实践教学设施建设，保障实践教学按质按量地完成。除了政府和学校加大经费投入外，还要整合社会资源，提高社会各界对大学生实践教学的关注程度，为培养大学生实践能力和创新训练提供更多的物质支持。

交通工程学院将实践育人工作纳入学校教学计划，落实规定的学时学分。根据学校全程素质教育总体要求，将军训及入学教育、综合素质拓展教育（第二课堂活动）、劳动教育、企业认识实习、跟岗实习、顶岗实习纳入各专业教学计划，落实了规定的学时学分，并有效推进实施。完善实践育人教学管理制度，制定考核评价办法；组建教学团队，拓展实践育人教学项目，丰富教学内容，创新教学组织方式。

（三）推进创新创业教育

1. 创新创业教育总体内容

创新创业教育是以培养具有创业基本素质和开创型个性的人才为目标，不仅仅是以培育在校学生的创业意识、创新精神、创新创业能力为主的教育，还要面向全社会，针对那些打算创业、已经创业、成功创业的创业群体，分阶段分层次地进行创新思维培养和创业能力锻炼的教育。创新创业教育本质上是一种实用教育。

提高大学生的创新创业能力，形成良好的创新创业教育氛围，建设完善的创新创业培育体系，形成一个像生态体系一样的良性循环系统，构建一个全方位的立体创新创业教育生态培育体系。这一体系包括高校、政府、企业、家庭、学生等多个子系统，各子系统之间相互联系、相互作用、相互支撑，构成一个完整的创新创业教育培育体系。

作为高校创新创业教育体系的主干，高校在创新创业教育培育体系中发挥着关键作用。创新创业教育的最终落脚点在学生，只有学生接受了创新创业观念，并勇于去实践创新创业，才能说创新创业教育起到了实际的效果。每一个学生的背后都有一个家庭，家庭的支持是学生实践创新创业的有力保障。

大学生创新创业教育理念要转化为教育实践，需要依托有效的课程载体。课程体系是实现创新创业教育的关键。创新创业教育课程体系主要由以下三个层次构成：

（1）面向全体学生，旨在培养学生创新创业意识、激发学生创新创业动力的普及课程；

（2）面向有较强创新、创业意愿和潜质的学生，旨在提高其基本知识、技巧、技能的专门的系列专业课程；

（3）旨在培养学生创新创业实际运用能力的各类实践活动课程，要以项目、活动为引导，教学与实践相结合，有针对性地加强对学生创业过程的指导。

高校创新创业教育的内容体系和课程互为支撑，内容体系为课程提供课程内容的支撑，课程体系为内容体系提供内容实现形式的支撑，两者共同作用，促进高校创新创业教育的发展。

2. 交通工程学院创新创业教育举措

交通工程学院加强对创新创业精神和意识的纵深培养，既提升了人群覆盖率，又推动了创业的动力提纯和创业层次的提升。学院加强了与学校、政府、企业的多方联动，邀请企业一线人员上讲台，真正帮助创业者。学院在组织上强化了保障，建立了创业中心，重点注重校友网络的人才和资金保障。学院引入风险投资，实现从意识培养、技能训练、团队孵化、市场对接、转售上市的全程孵化。

（1）"协同式"创新创业教育教学。制定"专业融入式"人才培养方案，将创新创业教育融入国际化商科创新人才培养全过程，实现创新创业教育与人才培养定位紧密融合。把创新创业教育和实践课程纳入必修课体系，将创新精神、创业意识和创新创业能力作为评价人才培养质量的重要指标；构建全覆盖的"通识+专业+跨界"国际化商科创新创业课程体系，实现创新创业教育与专业教育有机地融合。在专业课程教学中融入创新创业元素，彰显"两化两型"（国际化、精品化、创新型、应用型）的专业特色；建设结构合理、专兼结合、国际化、多元化的创新创业师资队伍，实现创新创业师资团队多元融合。拥有一支包含专业课教师、创业课程专业教师、创新创业项目导师、客座教师、海外创新创业导师在内的师资队伍。

（2）"一站式"创新创业服务保障。注重营造浸润式创业文化，开展创业课程、赛事、咨询、网站杂志、特训班、国际交流、社团、校中厂、孵化基地、指导站、基金会和传媒等全方位一站式创新创业指导服务。

（四）实践育人的成效

交通工程学院在实践育人，推行实践教育改革、创新创业教育中成效明显，拥有至少1个大学生创新创业项目。近三年学院积极组织学生参加全国"互联网+"大学生创新创业大赛，参赛作品共计 626 项，其中获自治区赛奖励 82 项、校赛奖励 236 项；冯志勇老师指导的学生作品获第七届中国 TRIZ 杯大学生创新方法大赛二等奖。在该项比赛中，广西机电职业技术学院参赛队伍与来自全国本科院校在内的 200 多支队伍同台竞技，成为区内所有参赛队中唯一脱颖而出的来自高职院校的队伍。鼓励教师积极申报广西机电职业技术学院大学生创新创业训练项目，提高教师指导学生创新创业的能力，并纳入学院年终绩效考核奖励范畴；制定交通工程学院学生创新创业竞赛方案和奖励制度，为每年的全国"互联网+"大学生创新创业大赛选拔和培育优秀作品。

1. 校外实践育人基地——校企合作三方协议

岗位实习三方协议

甲方（学校）：

通信地址：

联系人：

联系电话：

乙方（实习单位）：

通信地址：

联系人：

联系电话：

丙方（学生）：

身份证号：

家庭住址：

联系电话：

丙方法定监护人（或家长）：

身份证号：

家庭住址：

联系电话：

为规范和加强职业学校学生岗位实习工作，提升技术技能人才培养质量，维护学生、学校和实习单位的合法权益，根据国家相关法律法规及《职业学校学生实习管理规定》（2021年修订），甲方拟安排　　　级　　　　　　学院　　　　专业学生　　　　　　（丙方）赴乙方进行岗位实习。为明确甲、乙、丙三方权利和义务，经三方协商一致，签订本协议。

一、基本信息

1. 实习项目（甲方填写）：

2. 实习岗位（乙方填写）：

3. 实习地点：

4. 实习时间：　　年　　月　　日—　　年　　月　　日

5. 工作时间：

6. 实习报酬

报酬金额：

支付方式：

支付时间：

7. 食宿条件

就餐条件：

住宿条件：

8. 甲方实习指导教师：　　　　　联系电话：

9. 乙方实习指导人员：　　　　　联系电话：

二、甲方权利与义务

1. 负责联系乙方，并审核乙方实习资质及条件，确保乙方符合实习要求，提供的实习岗位符合专业培养目标要求，与学生所学专业对口或相近。不得安排丙方跨专业大类实习，不得仅安排丙方从事简单重复劳动。

2. 根据人才培养方案，会同乙方制订实习方案，明确岗位要求、实习目标、实习任务、实习标准、必要的实习准备和考核要求、实施实习的保障措施等，并向丙方下达实习任务。

3. 会同乙方制定丙方实习工作管理办法和安全管理规定、丙方实习安全及突发事件应急预案等制度性文件，对实习工作和丙方实习过程进行监管，并提供相应的服务。

4. 为丙方投保实习责任保险，责任保险范围应覆盖实习活动的全过程，包括丙方实习期间遭受意外事故及由于被保险人疏忽或过失导致的丙方人身伤亡，被保险人依法应当承担的赔偿责任以及相关法律费用等。丙方在实习期间受到人身伤害，属于保险赔付范围的，由承保保险公司按保险合同赔付标准进行赔付；不属于保险赔付范围或者超出保险赔付额度的部分，由乙方、甲方、丙方承担相应责任。甲方有义务协助丙方向侵权人主张权利。投保费用不得向丙方另行收取或从丙方实习报酬中抵扣。

5. 依法保障实习学生的基本权利，不得有以下情形：

(1) 安排一年级在校丙方进行岗位实习；

(2) 安排未满16周岁的丙方进行岗位实习；

(3) 安排未成年丙方从事《未成年工特殊保护规定》中禁忌从事的劳动；

(4) 安排实习的女学生从事《女职工劳动保护特别规定》中禁忌从事的劳动；

(5) 安排丙方到酒吧、夜总会、歌厅、洗浴中心、电子游戏厅、网吧等营业性娱乐场所实习；

(6) 通过中介机构或有偿代理组织安排和管理学生实习工作；

　　(7) 安排丙方从事Ⅲ级强度以上体力劳动或其他有害身心健康的实习；

　　(8) 安排丙方从事法律法规禁止的其他活动。

　　6. 除相关专业和实习岗位有特殊要求，并事先报上级主管部门备案的实习安排外，应当保障丙方在岗位实习期间按规定享有休息休假、获得劳动卫生安全保护、接受职业技能指导等权利，并不得有以下情形：

　　(1) 安排丙方从事高空、井下、放射性、有毒、易燃易爆，以及其他具有较高安全风险的实习；

　　(2) 安排丙方在休息日、法定节假日实习；

　　(3) 安排丙方加班和上夜班。

　　7. 不得向丙方收取实习押金、培训费、实习报酬提成、管理费、实习材料费、就业服务费或者其他形式的实习费用，不得扣押丙方的学生证、居民身份证或其他证件，不得要求丙方提供担保或者以其他名义收取丙方财物。

　　8. 为丙方选派合格的实习指导教师，负责丙方实习期间的业务指导、日常巡查和管理工作；开展实习前培训，使丙方和实习指导教师熟悉各实习阶段的任务和要求。对丙方做好思想政治、安全生产、道德法纪、工匠精神、心理健康等相关方面的教育。

　　9. 督促实习指导教师随时与乙方实习指导人员联系并了解丙方情况，共同管理，全程指导，做好巡查，并配合乙方做好丙方的日常管理和考核鉴定工作，及时报告并处理实习中发现的问题。

　　10. 实习期间，对丙方发生的有关实习问题与乙方协商解决；发生突发应急事件的，会同乙方按安全及突发事件应急预案及时处置。

　　11. 实习期满，根据丙方的实习报告、乙方对丙方的实习鉴定和甲方实习评价意见，综合评定丙方的实习成绩。

　　12. 公布热线电话 (邮箱)，对各方的咨询及时回复，对反映的问题按管理权限和职责分工组织进行整改。

　　热线电话：　　　　　　　　　邮箱：

　　13. 甲方对违反规章制度、实习纪律、实习考勤考核要求以及本协议其他规定的丙方进行思想教育，对丙方违规行为依照甲方规章制度和有关规定进行处理。对违规情节严重的，经甲乙双方研究后，由甲方给予丙方纪律处分。给乙方造成财产损失的，丙方依法承担相应责任。

　　14. 组织做好丙方实习工作的立卷归档工作。实习材料包括：(1) 实习三方协议；(2) 实习方案；(3) 学生实习报告；(4) 学生实习考核结果；(5) 学生实习日志；(6) 实习检查记录；(7) 学生实习总结；(8)有关佐证材料 (如照片、音视频等) 等。

三、乙方权利与义务

1. 向甲方提供真实有效的单位资质、诚信状况、管理水平、实习岗位性质和内容、工作时间、工作环境、生活环境，以及健康保障、安全防护等方面的材料。

2. 严格执行国家及地方安全生产和职业卫生有关规定，会同甲方制定安全生产事故应急预案，保障丙方实习期间的人身安全和身体健康。协助甲方制定丙方岗位实习方案，保障丙方的实习质量。

3. 定期向甲方通报丙方实习情况，遇重大问题或突发事件应立即通报甲方，并按照应急预案及时处置。

4. 甲乙双方经协商，可以由乙方为丙方投保实习责任保险。责任保险范围应覆盖实习活动的全过程，包括丙方实习期间遭受意外事故及由于被保险人疏忽或过失导致的丙方人身伤亡，被保险人依法应当承担的赔偿责任以及相关法律费用等。丙方在实习期间受到人身伤害，属于保险赔付范围的，由承保保险公司按保险合同赔付标准进行赔付；不属于保险赔付范围或者超出保险赔付额度的部分，由乙方、甲方、丙方依法承担相应责任。乙方会同甲方做好丙方及其法定监护人（或家长）等善后工作。乙方有义务协助丙方向侵权人主张权利。投保费用不得向丙方另行收取或从丙方实习报酬中抵扣。

5. 按照本协议规定的时间和岗位为丙方提供实习机会，所安排的工作要符合法律规定且不损害丙方身心健康；不得仅安排丙方从事简单重复劳动。为丙方提供劳动保护和劳动安全、卫生、职业病危害防护条件。落实法律规定的反性骚扰制度，不得体罚、侮辱、骚扰丙方，保护丙方的人格权等合法权益。

6. 依法保障实习学生的基本权利，不得有以下情形：

（1）接收一年级在校丙方进行岗位实习；

（2）接收未满16周岁的丙方进行岗位实习；

（3）安排未成年丙方从事《未成年工特殊保护规定》中禁忌从事的劳动；

（4）安排实习的女学生从事《女职工劳动保护特别规定》中禁忌从事的劳动；

（5）安排丙方到酒吧、夜总会、歌厅、洗浴中心、电子游戏厅、网吧等营业性娱乐场所实习；

（6）通过中介机构或有偿代理组织、安排和管理学生实习工作；

（7）安排丙方从事Ⅲ级强度以上体力劳动或其他有害身心健康的实习；

（8）安排丙方从事法律法规禁止的其他活动。

7. 除相关专业和实习岗位有特殊要求，并事先报上级主管部门备案的实习安排外，应当保障丙方在岗位实习期间按规定享有休息休假、获得劳动卫生安全保护、接受职业技能指导等权利，并不得有以下情形：

（1）安排丙方从事高空、井下、放射性、有毒、易燃易爆，以及其他具有较高安全风险的实习；

（2）安排丙方在休息日、法定节假日实习；

（3）安排丙方加班和上夜班。

8. 实习期间，如为丙方提供统一住宿，应为其建立住宿管理制度和请销假制度。如不为丙方提供统一住宿，应知会甲方并督促丙方办理相应手续。

9. 不得向丙方收取实习押金、培训费、实习报酬提成、管理费、实习材料费、就业服务费或者其他形式的实习费用，不得扣押丙方的学生证、居民身份证或其他证件，不得要求丙方提供担保或者以其他名义收取丙方财物。

10. 会同甲方对丙方加强思想政治、安全生产、道德法纪、工匠精神、心理健康等方面的教育。对丙方进行安全防护知识、岗位操作规程等教育培训并进行考核，如实记录教育培训情况。不得安排未经教育培训和未通过岗前培训考核的丙方参加实习。

11. 乙方安排合格的专业人员对丙方实习进行指导，并对丙方在实习期间进行管理。

12. 乙方根据本单位相同岗位的报酬标准和丙方的工作量、工作强度、工作时间等因素，给予丙方适当的实习报酬。丙方在实习岗位相对独立参与实际工作、初步具备实践岗位独立工作能力的，合理确定实习期间的报酬，并以货币形式按月及时、足额、直接支付给丙方，支付周期不得超过1个月，不得以物品或代金券等代替货币支付或经过其他方转发。不满1个月的按实际岗位实习天数乘以日均报酬标准计发。

13. 在实习结束时根据实习情况对丙方做出实习考核鉴定。

四、丙方权利与义务

1. 遵守国家法律法规，恪守甲乙双方安全、生产、纪律等各项管理规定，提高自我保护意识，注重人身、财物及交通安全，保护好个人信息，预防网络、电话、传销等诈骗。严禁涉黄、涉赌、涉毒、酗酒，严禁到违禁水域游泳或参与等其他危险活动，严禁乘坐非法营运车辆等。

2. 遵守甲乙双方的实习要求、规章制度、实习纪律及实习三方协议，认真实习，完成实习方案规定的实习任务，撰写实习日志，并在实习结束时提交实习报告；不得擅自离岗、消极怠工、无故拒绝实习，不得擅自离开实习单位。

3. 若违反规章制度、实习纪律以及实习三方协议，应接受相应的纪律处分；给乙方造成财产损失的，依法承担相应责任。

4. 在签订本协议时，丙方应将实习情况告知法定监护人（或家长），并取得法定监护人（或家长）签字的知情同意书作为本协议的附件。

5. 如不在统一安排的宿舍住宿，须向甲乙双方提出书面申请，经丙方法定监护人（或家长）签字同意，甲乙双方备案后方可办理。

6. 实习期间，丙方因特殊情况确需中途离开或终止实习的，应提前七日向甲乙双方提出申请，并提供法定监护人（或家长）书面同意材料，经甲乙双方同意，并办妥离岗相关手续后方可离开。

7. 严格按照乙方安全规程和操作规范开展工作，爱护乙方设施设备，有安全风险的操作必须在乙方专门人员指导下进行。保守乙方的商业、技术秘密，保证在实习期间及实习结束后不向任何第三方透露相关的资料和信息。

8. 个人权益受到侵犯时，应及时向甲乙双方投诉。丙方认为乙方安排的工作内容违反法律或相关规定的，应立即告知甲方，并由甲方协调处理。

9. 实习期间，丙方发生人身等伤害事故的，有依法获得赔偿的权利。属于保险赔付范围的，由承保保险公司按保险合同赔付标准进行赔付；不属于保险赔付范围或者超出保险赔付额度的部分，由乙方、甲方、丙方依法承担相应责任。

五、协议解除

1. 经甲、乙、丙三方协商一致，可以解除协议，并以书面形式确认。

2. 有以下情形之一的，可以解除本协议：

（1）因不可抗力致使协议不能履行；

（2）甲方因教学计划发生重大调整，确实无法开展岗位实习的，至少提前十个工作日以书面形式向乙方提出终止实习要求，并通知丙方；

（3）乙方遇重大生产调整，确实无法继续接受丙方实习的，至少提前十个工作日以书面形式向甲方提出终止实习要求，并通知丙方；

（4）法律法规及有关政策规定的其他可以解除协议的情形的。

3. 有以下情形之一的，无过错的一方有权解除协议，并及时以书面形式通知其他两方：

（1）甲方未履行对实习工作和丙方的管理职责，影响乙方正常生产经营的，经协商未达成一致的；

（2）乙方未履行协议约定的实习岗位、报酬、劳动时间等条件和管理职责，经协商未达成一致的；

（3）丙方严重违反乙方规章制度，或丙方严重失职，给乙方造成人员伤亡、设备重大损坏以及其他重大损害的；

（4）法律法规做出的相关禁止性规定的情形的。

六、附则

1. 本协议一式＿＿＿＿份，甲、乙、丙三方各执＿＿＿＿份，具有同等法律效力。

2. 任何一方未经其他两方同意不可随意终止本协议，任何一方有违约行为，均须承担违约责任。

3. 有关本协议的其他未尽事宜，由甲、乙、丙三方协商解决并签署书面文件予以确认。协商不成的，任何一方当事人有权向所在地人民法院提起诉讼。

4. 本协议自签字（盖章）之日起生效，至约定实习期届满或丙方实习结束时终止。

5. 甲、乙、丙任何一方通信地址（联系方式）等与丙方实习相关的重大信息发生变更的应及时通知其他两方，否则，由此产生的一切不利后果自行承担；给其他两方造成损失的，应承担相应的法律责任。

6. 本协议条款中涉及《职业学校学生实习管理规定（2021年修订）》中规定的原则上"不得"的，如实习因特殊要求存在不履行的可能，甲、乙、丙三方需事先协商一致，签订同意书，并报上级主管部门备案同意后，在不违反法律规定的条件下，方可实施，不视为违约。

7. 如丙方集体签订协议，需由丙方代表签字，其他所有丙方需签订相应委托书，并作为本协议的附件。丙方代表在签字前，应将协议文本内容提前告知每一位参加岗位实习的学生（丙方）及其法定监护人（或家长），并在签署后将协议副本交每一位参加岗位实习的学生（丙方）。

8. 其他事项：

甲方：（学校盖章）　　　　　　乙方：（实习单位盖章）
法定代表人（签字）：　　　　　法定代表人（签字）：
　　年　月　日　　　　　　　　　　　年　月　日

丙方：（签字）
　　年　月　日

2. 实习单位考察表

实习单位考察表见表2-5。

表 2-5　实习单位考察表

	实习单位	
	单位地址	
考察内容	（重点考察实习单位资质、诚信状况、管理水平、实习岗位性质和内容、工作时间、工作环境、生活环境、健康保障、安全防护等） 考察人签字： 年　　月　　日	
实习安排部门意见	 负责人签字（盖章）： 年　　月　　日	

3. 成立吉利汽车产业学院

广西机电职业技术学院与浙江吉利汽车有限公司共建汽车产业学院情况如图 2-13 和图 2-14 所示。

图 2-13　共建汽车产业学院研讨会

图 2-14 汽车产业学院揭牌仪式

4. 社会实践精品项目——"校园文化大使"

吉利汽车集团颁发了"校园文化大使"聘书，如图 2-15 所示。

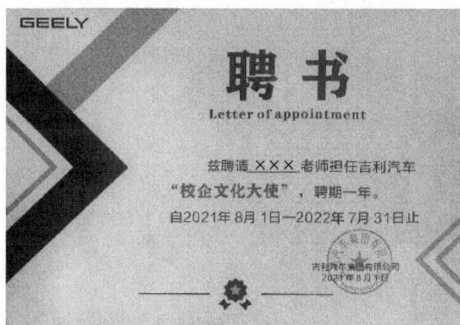

(a)

(b)

(c)

图 2-15 吉利汽车集团颁发的三位"校园文化大使"聘书

5. 推进实践教学改革案例

交通工程学院推进实践教学改革案例，如图 2-16 和图 2-17 所示。

图 2-16　吉利公司技能大师到校开展授课

图 2-17　交通工程学院彭朝晖院长开展教学改革专项授课

6. 学校牵头成立"广西县级职校汽车发展联盟"

广西机电职业技术学院在"广西县级职校汽车发展联盟"的排名，如图 2-18 所示。

广西县级职校汽车专业发展联盟

关于公布各单位在广西县级职校汽车专业发展联盟中担任相关职务的通知

各相关单位：

依据《广西县级职校汽车专业发展联盟章程》，广西县级职校汽车专业发展联盟经第一次全体会议选举产生了第一届组织机构，现予公布，任期三年（2021 年 7 月至 2024 年 6 月），请各相关单位依据《章程》行使联盟内权利与义务。

选举产生的各相关单位联盟内任职情况表

序号	学校名称	担任联盟职务
1	广西机电职业技术学院	理事长单位（兼设秘书处）
2	南宁市第四职业技术学校	副理事长单位
3	柳州市第一职业技术学校	副理事长单位
4	广西机电工程学校	副理事长单位
5	广西理工职业技术学校	副理事长单位
6	广西物资学校	副理事长单位
7	北部湾职业技术学校	副理事长单位
8	广西玉林技师学院	副理事长单位
9	广西右江民族商业学校	副理事长单位
10	横县职业教育中心	副理事长单位
11	岑溪市中等专业学校	副理事长单位
12	北京百通科信机械设备有限公司	副理事长单位
13	南宁市中联汽保有限公司	副理事长单位
14	全州县中等职业技术学校	理事单位
15	容县职业中等专业学校	理事单位
16	钟山县职业技术学校	理事单位
17	东兰县中等职业技术学校	理事单位
18	隆林各族自治县职业技术学校	理事单位
19	宁明县职业技术学校	理事单位
20	南宁市武鸣区职业技术学校	理事单位
21	忻城县职业技术学校	理事单位
22	苍梧县中等专业学校	理事单位
23	浦北县第一职业技术学校	理事单位
24	平南县中等职业技术学校	理事单位
25	大化县职业技术学校	理事单位
26	桂平市第一中等职业技术学校	理事单位
27	柳州市鹿寨职业教育中心	理事单位
28	百色市右江区职业技术学校	理事单位
29	德保县职业技术学校	理事单位
30	南宁市上林县职业技术学校	理事单位

31	合浦县中等职业技术学校	理事单位
32	田东职业技术学校	理事单位
33	南宁印象汽修学校	理事单位
34	融水苗族自治县民族职业技术学校	理事单位
35	博白县职业中等专业学校	理事单位
36	藤县中等专业学校	理事单位
37	隆安县中等职业技术学校	理事单位
38	昭平县职业教育中心	理事单位
39	都安瑶族自治县职业教育中心	理事单位

特此公布！

广西县级职校汽车专业发展联盟
（广西机电职业技术学院代章）
2021 年 7 月 15 日

图 2-18　广西县级职校汽车发展联盟相关文件

7. 指导学生参加"创新创业大赛"获奖情况

学院老师指导学生参加第五届"互联网+"大学生创新创业大赛广西赛区选拔赛获奖，如图 2-19 和图 2-20 所示。

图 2-19　黄玉珍老师指导学生参赛获"铜奖证书"

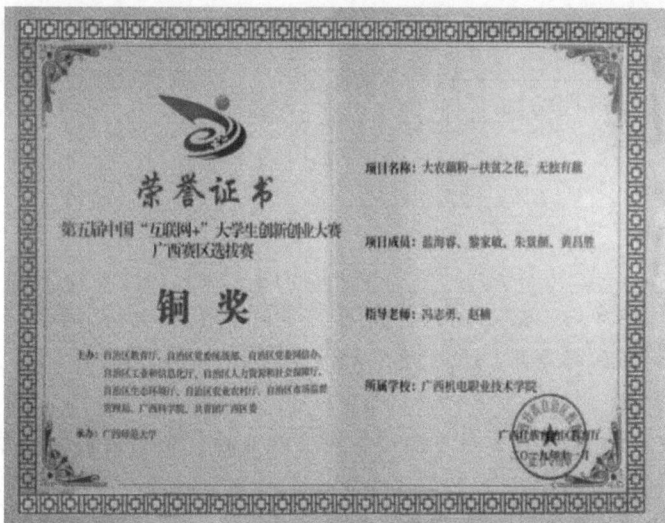

图 2-20　冯志勇、赵楠老师指导学生参赛获"铜奖证书"

8. 签订了政校企合作基地协议

政校企联合建设校地合作基地协议

依据《关于印发〈×××建设校地合作示范基地管理办法〉的通知》精神（×××社〔2021〕×号），经×××和×××（以下简称甲方）、广西机电职业技术学院（以下简称乙方）、×××（以下简称丙方）三方友好协商，就政校企联合建设校地合作基地达成以下协议。

第一条　基地名称

广西机电职业技术学院"×××校地合作基地"。

第二条　基地定位

由甲方牵头丙方，与乙方合作，以政校企三方联动的方式，共建广西机电职业技术学院"×××校地合作基地"，支持与指导乙方开展"旺工淡学"等一系列教育教学改革，充分发挥出乙方在智力、专业设置上的优势，为×××重点企业（特别是参与共建的丙方）新产品研发、转型升级、大规模扩产等方面提供智力与产业技术工人支撑。

第三条　甲方权利与义务

3.1 组织新区企业参加乙方组织的校内双选会。

3.2 及时向乙方和丙方提供×××的人才政策和产教融合相关政策。

3.3 合作期间，每年给予乙方相关教师培养、实训设备改造等费用×××万元。

乙方银行账户信息为：

单位名称：＿＿＿＿＿＿＿＿＿

统一社会信用代码：＿＿＿＿＿＿＿＿＿

银行开户行：＿＿＿＿＿＿＿＿＿

银行账号：＿＿＿＿＿＿＿＿＿

地　　　址：＿＿＿＿＿＿＿＿＿

电　　　话：＿＿＿＿＿＿＿＿＿

3.4 自然年度内，若乙方累计输送实习人才达到×××人以上，且实习满 6 个月及以上，组织推荐就业人才达到×××名以上，对乙方给予当年度×××万元的人才稳岗奖励。

3.5 对乙方选派学生实习期满留在企业就业的，给予留企学生每月 500 元、最长两个月的实习补贴，企业实习工资另算。

3.6 合作满一年后，若乙方达成 3.4 要求，则向乙方授予"×××校地合作示范基地"称号。

第四条　乙方权利与义务

4.1 负责在校内建设广西机电职业技术学院"×××校地合作基地"，并负责基地的日常运行与管理。

4.2 邀请甲方组团参加每年举办的校内"双选会"。

4.3 根据新区企业（或丙方）技能人才需求，设立"定向输送班"（或丙方认可的其他"订单班"），按产学结合、工学交替的方式进行定向培养，每年选派不少于×××名学生到新区企业实习，实习时间不少于 6 个月；且每年组织推荐不少于×××名技能人才到新区企业就业。

4.4 学生在新区（企业）或丙方顶岗（含跟岗）实习期间，指派带队老师（每×××名学生配备 1 名老师）进行管理。

4.5 发挥自身智力优势，完成甲方或丙方委托的在职员工培训、新产品研发、转型升级技术支持等技术服务工作（实施具体项目时另行签订相关合作协议）。

第五条　丙方权利与义务

5.1 与乙方共同开发、制订"定向班"（或其他"订单班"）人才培养方案，参与该班人才培养及学习效果的评价。

5.2 对乙方派出的顶岗（跟岗）实习学生进行岗前培训与日常管理；学生在实习期间因参加丙方安排的劳动工作、活动及相关预备性活动发生意外伤害的，丙方应积极处理并通知乙方，乙方予以配合。事故责任的赔付按照丙方投保的相关保险条例进行赔付。不属于保险赔付范围或者超出保险赔付额度部分由丙方与乙方协商处理，实习学生有过错的根据相应过错比例减轻丙方责任。若学生因非实习原因的外出、个人自行安排的活动发生的意外伤害，不属于保险赔付范围内的，由学生自行承担相关责任。

学生培养或顶岗实习期间，根据丙方相关管理制度执行。如学生严重违反丙方企业管理制度或因个人身体等原因确实不适合继续参加实习的，丙方有权要求终止该学生的实习期。丙方决定停止学生的实习安排前，应以书面形式通知乙方。

5.3　每年选派1~2名企业技能大师、工匠到乙方授课。

5.4　协助乙方升级学校技能教学设备设施，建设与企业岗位技能要求匹配的实训室，每自然年给予乙方相关教师培养、实训设备，价值不低于×××万元。

5.5　为乙方派出的顶岗（跟岗）实习学生设置一定数量的奖学金。

第六条　诚信自律特别条款

6.1　三方承诺在业务往来期间严格遵守以下约定：

6.1.1　不以任何名义向另外两方（包括其参股、控股、实际控制或其他关联关系的单位，下同）人员（包括其亲属或其他利益关系人等，下同）输送各种财产性和非财产性利益或好处。

6.1.2　不得与另外两方人员开展经营活动，相互有亲属关系的人员应主动回避。在三方合作终止后2年内未经另外两方同意不得接受另外两方人员任职或提供服务。

6.2　如违反6.1条款约定，违约方应按合同金额（非固定金额的合同按照实际已发生的金额，下同）的30%向守约方支付违约金；无法确定合同金额的，应向守约方支付违约金×××万元。构成犯罪的，则送交司法机关追究其刑事责任。

6.3　一方发现另外两方人员存在违反前述诚信自律条款行为的，应向另外两方合规部门或司法机关举报。

6.4　合同的变更、转让、终止或被撤销、无效不影响前述诚信自律条款的效力。

第七条　保密条款

7.1　为履行本协议，三方可能互相提供经营、业务、产品技术等有关的文件、信息、图纸、软件等资料，三方需对其他两方所提供的资料负有保密的义务，并应采取一切合理的措施以使其所接受的资料免于散发、传播、披露、复制、滥用及被无关人员接触。

7.2　于本协议终止之日，三方有权要求其他两方返还或销毁其所提供的资料。此保密义务不因本协议的未生效或者终止而免除。

第八条 协议的解除与违约条款

8.1 三方经协商一致，可以解除本协议，任何一方不得单方面擅自解除本协议。

8.2 本协议中，任何一方违反本协议约定的，应当承担违约责任并赔偿另外两方因此所受到的损失。

第九条 争议解决

因履行本协议发生的和与本协议有关的任何争议，三方应当协商解决；当事人不愿协商或者协商不成的，三方同意由丙方所在地有管辖权的法院诉讼解决。争议解决期间，除争议部分外，协议其他部分应继续执行。

第十条 其他事项

10.1 本协议有效期自×××年×月×日至×××年×月×日。

10.2 本协议一式陆份，甲、乙、丙三方各执贰份，甲、乙、丙三方签字并盖章后生效。

10.3 未尽事宜，三方可以补充协议的方式另行签订，补充协议与本协议具有同等法律效果。

甲方（盖章）：

法定代表人或授权代表签字：

日期：　　　年　月　日

乙方（盖章）：

法定代表人或授权代表签字：

日期：　　　年　月　日

丙方（盖章）：

法定代表人或授权代表签字：

日期：　　　年　月　日

第四节　有保障的条件改善

学校是一个特殊的组织，相对稳定的教师队伍和不断流动的学生队伍并存。在这种条件下，如何在各项工作上做到与时俱进、因材施教、锐意创新、常做常新，这是一件非常重要的事，特别在实施和推进"三全育人"机制建设中尤其必要，应该构建起整套卓有成效的保障措施。

（1）必须有一个好的领导组织集体。高等学校实行党委领导下的校长负责制，"三全育人"需要党、政、工、团齐抓共管，但党委起着领导、引导和带领、统领的作用，建设一个高素质、高水平，实有强烈事业性责任心的领导班子，这是高等学校的根本任务，只有把党委班子建好了、建强了才有可能把育人工作落到实处。

（2）必须有一个好的工作管理载体。"三全育人"机制建设既要有一般性载体，也要有特色性载体，如浙江金融职业学院近年来实施的"三关"学生工作体系建设、"四化"素质提升工程建设，明理学院建设，就形成了很好的工作载体。正在实施的"学生培养千日成长工程"更是叫得响、做得实的有效载体。今年，他们又针对女生相对集中的特点，创设了以培养女性学生职业素质和才艺特长的"淑女学院"，也不失为一个很好的载体。

（3）必须抓好主体队伍建设。"三全育人"虽然是全程、全员、全面的育人，但也有重点和强处，这就是必须要有一支十分重要的队伍，一是要有一支素质精良、结构合理的教师队伍，这是重点；二是要有一支数量充足、素质优异的辅导员队伍，这是难点；三是要有一支工作安心、责任心强的学生管理队伍，这是支点；四是要有一支乐于奉献、甘于牺牲的兼职班主任队伍，这是亮点。

（4）必须抓住思想政治课程主渠道。"三全育人"时间漫长、空间广泛、个体多样、活动繁多，但抓好主阵地、主渠道十分重要，其中最为基本的是党中央和教育部党组反复强调的马克思主义理论课和思想政治与法律课，上好这两门课，对解决青年学生的世界观和人生观问题非常必要和具体，必须重视和加强，如浙江金融职业学院在全校仅有的 25 门左右省级以上精品课程中，就把这两门课全部列为省级重点建设课程，在师资队伍、经费投入、课时保障等方面予以重视。

（5）必须要开展好一系列丰富多彩的校园文化活动。"三全育人"并不只是枯燥的说教，而应该以青年学生的特点有针对地进行，并将教育引导寓于各种活动乃至社团和文体活动之中。比如课程社团化就是一个方法；"每天锻炼一小时，健康工作五十年，幸福生活一辈子"等类似的宣传教育活动，也很有意义和影响；又如，在学生中广泛开展的"百名校友上讲台，百名校友话人生，千名学子访校友"等主题活动则更有说服力和感染力。

（6）必须要建设好一整套高效健全的服务保障机制。为了推动"三全育人"机制建设，学校必须建立健全必要的考核和奖惩机制，并采取必要的措施来落实和推动"三全育人"工作的开展。如某高校出台了《关于进一步推进"三全育人"工作的若干意见》，明确要求青年教师应当在具备企业经历和博士学历外必须有学工履历，要求新进专业教师须先做辅导员 1~2 年，确保辅导员双重身份，双线晋升措施，要求全校教师在晋升新一期专业职务之前必须有担任一届班主任工作并考核合格以上等也是推进之举。有些高校近年来组织的全校性师生交流活动，如一年级的"师生交流，教学相长"、二年级的"加强就业指导，零距离对话"、三年级"面对实习就业，课外怎样准备"，等等，在全校范围内也经常组织"零距离倾听，零距离对话，零距离沟通"等活动，尤其是5月23日"爱生日"主题活动和每年"文化育人、管理育人、组织育人、服务育人"二十佳评选表彰活动。

广西机电职业技术学院为了"三全育人"教育工作的正常推进，设置了"三全育人"教育工作小组，专人负责协调学校"三全育人"整体育人工作布局，精准定位责任主体，为各项工作的落实提供保障。

交通工程学院成立"三全育人"教育学习小组，加强教师队伍的"三全育人"教育意识，小组之间互相协作、互相监督。除此之外，学习小组深入课堂，把握学生思想动态，有的放矢地开展"三全育人"教育工作。为真实反映"三全育人"的工作效果，每周进行学生反馈汇总，最终结果纳入工作考核，根据考核成绩及时提醒教职工调整"三全育人"教育工作。通过不断的实践总结，固化了在"文化育人，管理育人、组织育人、服务育人"方面的"三全育人"保障机制。

一、文化育人

文化是民族血脉、人民精神家园。习近平总书记指出，加强高校思想政治工作，要更加注重以文化人以文育人。这为新形势下更好秉承文化育人新理念，探索思想政治工作新举措提出新的更高要求。

坚持以文化人以文育人，是加强高校思想政治工作的重要举措，也是办好中国特色社会主义大学的内在要求。新形势下，加强和改进高校思想政治工作，要更加注重以文化人以文育人，聚焦主题，创新形式，搭建平台，进一步增强师生文化自信，为落实立德树人根本任务、培养高素质人才提供文化支撑。

学校需要不断创新思想政治工作方式方法，着力把中华优秀传统文化、革命文化和社会主义先进文化有机融入人才培养各环节，引导师生从博大精深的中华文化中汲取滋养，丰富涵养，提升品位，达到以文化人以文育人，进一步增强了中国特色社会主义文化自信。

（1）社会主义核心价值观教育。加强培育和践行社会主义核心价值观长效机制建设，把社会主义核心价值观体现到育人全过程，工作有方案、有成效。开展师生社会主义核心价值观主题教育活动，引导师生坚定道路自信、理论自信、制度自信、文化自信。培育、选树和宣传一批学习励志、实践奉献、参军报国、诚信友善、创新创业、志愿服务等方面践行社会主义核心价值观的先进典型，营造积极向上的校风学风。

（2）社会主义先进文化教育。推进中华优秀传统文化教育，组织实施"中华经典诵读工程""中国传统节日振兴工程"，开展"礼敬中华优秀传统文化""戏曲进校园"等文化建设活动。培育具有学校特色的体育艺术文化成果，建设一批文化传承基地，工作有方案、成果有展示，引导高雅艺术、非物质文化、民族民间优秀文化走近师生。挖掘革命文化的育人内涵，推进实施"革命文化教育资源库建设工程"，组织编排展演以革命先驱为原型的舞台剧、以革命精神为主题的歌舞音乐、以革命文化为内涵的网络作品。有效利用重大纪念日契机和重点文化基础设施开展革命文化教育。

（3）校园文化建设。制定校园文化建设的总体规划，有年度工作实施计划和重要项目。创新校园文化品牌。挖掘校史校风校训校歌的教育作用，推进"一校一品"校园文化建设，建设特色校园文化。推进实施"高校原创文化经典推广行动计划"，支持师生原创歌剧、舞蹈、音乐、影视等文艺精品扩大影响力和辐射力。建设美丽校园，实现校园山、水、园、林、路、馆建设达到使用、审美、教育功能的和谐统一。广泛开展"我的中国梦"等主题教育活动，推选展示一批高校校园文化建设优秀成果。积极开展文明校园创建，把学校建设成为社会主义精神文明高地。

交通工程学院针对文化育人，创建了师生共同参与的具有汽车专业特色的"匠心·匠品·匠人"校园文化品牌。

专注汽车领域，面向师生实施"校园文化大使"精品项目。为推进校企深度融合，提升师生对汽车知识、工艺文化、工匠精神的理解，增强育人成效，2021年8月至今，学院与吉利汽车集团联合打造了"校园文化大使"项目，许新福老师及蓝森凯、陈漫漫两位同学被公司聘为"校企文化大使"，并依托"吉新星"社团平台，在教师及学生群体中传播知识与正能量。

交通工程学院在"文化育人"的工作中也是不断地探索，不断地追求改革，通过不断实践，不断总结，形成了一系列"文化育人"的相关有效机制。

（一）建立中华优秀传统文化传承和革命文化教育长效机制

通过传颂民族精神，在打造筑"根"工程中增强学生对传统文化的自信。中华优秀传统文化是中华民族的"根"，已成为中华民族的基因。

传承红色基因，在推进补"钙"工程中增强了学生对革命文化的自信。革命文化是中国共产党带领中国人民经过艰苦卓绝斗争而孕育形成的，体现着共产党人和革命群众的思想内核。

（1）把中华优秀传统文化教育纳入思想政治教育工作计划。每学期开展中华优秀传统文化主题教育；每学期开展中华优秀传统文化主题团课活动；形成思想政治教育工作计划动态调整机制，每年开展学情分析，根据生源变化特点，创新中华传统文化教育形式，如开展中华传统文化主题知识竞赛、举办汉服节等，用年轻人喜闻乐见的方式使该项教育入脑入心。

（2）结合传统节庆日、重大事件和开学典礼、毕业典礼等开展主题教育活动。开学典礼主题党课，2021年9月26日，学校领导为学院2021级全体新生作了题为"学史增信、不负韶华"的入党启蒙教育专题党课。激情澎湃的演讲，激起了新生们对革命先烈的无限感恩，坚定了同学们"请党放心，强国有我"的理想信念；毕业典礼感恩教育，2021年6月，在建党100周年的大背景下，举办了交通工程学院2021届毕业生毕业典礼，通过典礼向毕业生进行了爱党爱国教育，表达了学校对毕业生的祝福与期盼，感染和带动了学生纷纷对母校表达了感恩之情；清明节缅怀先烈，2018年5月5日上午，汽车工程系、人文科学系的团委学生会，入党积极分子以及两系易班指导老师共200余人在广西烈士陵园举行了"缅怀先烈，传承英雄遗志"清明扫墓活动。通过活动，激励同学们继承和发扬革命先烈的遗志，为祖国的建设和发展积极奉献；五四青年节文艺晚会——2019年5月18日，汽车工程系与人文科学系联合举办了"百年五四、礼赞青春"文艺晚会，通过晚会增进了两院（系）学生的文化交流，充分展现了当代大学生的青春活力与风采。

（二）建立社会主义先进文化教育长效机制

社会主义先进文化，就是以马克思主义为指导，继承和弘扬中华优秀文化传统和五四运动以来形成的革命文化传统、吸收借鉴世界优秀文化成果、集中体现全国各族人民在新的历史条件下的精神追求，始终代表着当代中国发展前进方向的文化。

先进文化以马克思列宁主义、毛泽东思想、邓小平理论、"三个代表"重要思想、科学发展观、习近平新时代中国特色社会主义思想为指导，牢牢把握社会主义先进文化的前进方向，紧紧围绕实现全面建成小康社会宏伟目标和构建社会主义和谐社会的要求。

弘扬以爱国主义为核心的民族精神和以改革创新为核心的时代精神，树立新的文化发展观，解放思想、实事求是、与时俱进、开拓创新，发展面向现代化、面向世界、面向未来的民族的科学的大众的社会主义文化，不断满足人民群众日益增长的精神文化需求。

交通工程学院在不断努力培育有理想、有道德、有文化、有纪律的现代大学生；持续提高全体学生的思想道德和科学文化素质，促进学生的全面发展和社会全面进步；将先进的理论或思想作为指导和支持的文化，通过不断发展和完善，使之成为先进文化者，获得系列成效。

（1）定期开展师生社会主义核心价值观主题教育活动。把社会主义核心价值观与党史学习教育相结合。学院为 2021 级全体新生讲授入党启蒙专题党课。学院举行党史学习教育暨升国旗爱国主义教育。赴南宁警察博物馆开展"不忘初心、牢记使命、党风廉政、对党忠诚"主题党日活动。学院汽车车身专业群党支部开展"心系群众，服务大家"主题党日活动。把社会主义核心价值观与劳动教育相结合。如：学雷锋活动日；弘扬职教之光，展现技能之贵——汽车美容清洗体验点职教体验活动。把社会主义核心价值观与安全教育相结合。如：学院组织召开"2021 级全体新生安全教育大会"。学院召开 2020 级学生跟岗实习动员暨安全教育大会。

（2）拥有社会主义核心价值观教育典型案例，选树宣传一批践行社会主义核心价值观先进典型。践行社会主义核心价值观先进典型人物：蓝森凯。在吉利实习期间参加杭州湾公司"践行扫除道，我们在行动"主题演讲比赛，表现优秀获得三等奖；在校期间担任学校时尚先锋汽车协会会长职务；在吉利实习结束后，由于表现出色，被吉利汽车集团聘请为吉利汽车"校企文化大使"。优化选树宣传践行社会主义核心价值观方案，凝练社会主义核心价值观教育典型案例；形成践行社会主义核心价值观先进典型接班人的传承制度。

（三）建立校园文化育人功能发挥长效机制

校园文化是以学生为主体，以课外文化活动为主要内容，校园文化建设是以学生为主体，校园为主要空间，涵盖院校领导、教职工在内，以校园精神为主要特征的一种群体文化。

校园文化是指通过一定的物质环境和精神氛围，使生活在学校校园内的每一个成员都能潜移默化地受到影响，在思想观念、心理因素、行为准则、价值取向等方面与现实文化发生认同，从而实现对人的精神、品质、心灵、性格的塑造。校园文化作为一种文化形态在一定程度上受社会文化的制约，但是又具有相对的独立性、超前性、渗透性特点，社会文化对学生的作用，往往是以校园文化为中介来实现的。积极向上，富有品位的校园文化的影响力，对学生良好思想品德的形成，全面素质的提高，培养目标的实现起着重大的作用。校园文化主要包括校园文化观念与文化活动两个方面。它是以学生为主体，以课外活动为主要内容，以校园为主要活动空间，以校园精神为主要特征的群体文化，是素质教育的具体环境。在素质教育得到重视的现阶段，我们应重视校园文化建设。

校园文化是一项系统的校园工程，必须从整体出发，从育人出发，精心设计，综合治理。既要培育学校传统，又要吸纳时代精神，既要建设精神环境，又要重视物质环境。只有这样，校园文化才能产生新的活力，焕发新的精神，展示新的风貌。加强校园文化建设还应旗帜鲜明地开展爱国主义教育、集体主义教育和社会主义教育，使学生树立远大理想，抵制不良文化和思潮的侵蚀；要采取灵活多样的方式，引导、教育学生克服不良行为，形成良好的行为规范，增强自尊、自爱、自强、自立、自信意识，真正把学生培养成社会主义的建设者和接班人。

交通工程学院在校园文化育人方面也固化了一部分思路。

1. 充分挖掘院（系）和学科专业文化育人要素

结合"创新·创业·创意"教育，师生共建原创型汽车主题文化园。主抓"三创"教育，以许新福老师为代表的"能工巧匠"，指导学生利用汽车废旧零部件纯手工共同打造了汽车机器人，并融合多种汽车元素，结合多种呈现方式，自主设计建造了学院"汽车主题文化园"这一"网红打卡地"，成了校内特色鲜明、积极向上、舒适休闲的场所，锻炼了学生的动手能力，锤炼了师生的工匠精神，并获南宁新闻综合频道及学校的宣传报道。

以实训场所建设为载体，营造文化育人氛围，塑造学生的职业素养。注重学生在实践训练中塑造未来所需专业职业素养，将专业文化、企业文化以实体形式呈现于各育人场所。其中，"1+X"新能源汽车职业技能等级证书省级指导中心将"岗课赛证融通"的思路、企业文化、汽车知识、教师成果等内容以壁挂、墙贴等形式呈现，浓厚的育人文化感染力，使学生潜移默化地将职业素养内化于心、外化于行。

通过汽车制造技术工艺中心的建设，将企业的真实工作环境"移植"入校，浸润了企业元素的文化育人方式更具影响力与感染力，更能激发学生的职业意识。

贴近学生兴趣爱好，进一步挖掘专业文化育人要素；建立电子屏显系统，创新呈现方式，实现及时更替，增强交互性；开展汽车相关特色活动，将专业文化要素以活动为载体融入教育教学活动；以校企合作为契机，建立汽车制造技术工艺中心，丰富专业文化育人内容；整理学习校历、校史，弘扬优秀校园文化，以点带面，创建高水平办学特色和大学精神。

2. 院（系）文化建设成效显著，拥有至少 1 个校园文化品牌

突出党的全面领导，通过党建带团建，积极打造"党建+匠心"的校园文化品牌；把技能培养和工匠精神培育结合起来，积极开展一系列丰富多彩的实践创新活动，师生合作共创了系列特色工匠实践育人作品。通过艺术创作和赛事激发文化创新的创造活力；深化校企协同育人，积极开展校企文化大使师生选聘工作，积极开设两期"吉利精英班"，加强与校企合作实习单位共同培育"技能之星"。

推进"汽车文化"阵地品牌建设。依托第二实训楼以及"1+X"省级指导中心优势，全力打造精益求精的"汽车品牌文化"氛围，强化环境育人功能；加强"匠人·匠心·匠品"工程培育。依托校企合作优势，深入开展"技能之星"

"工匠能手"作品评选活动，通过创新品牌活动，不断提升育人成效；创建"汽车之家"系列精品文化活动。积极开展普及汽车文化系列活动，如"汽"装异服车模大赛、"汽"有此理弘扬汽车文化主题辩论赛、"汽"象万千汽车文化普及书画摄影大赛、"汽"珍异宝汽车文化普及图片展、"汽"味相投汽车文化普及主题交流等系列活动。并邀请企业中的杰出校友、优秀毕业生和专家回校做报告和分享，让学生参加实践活动，让学生亲身接触、感受、体验汽车文化的新鲜事物和鲜活人物，进一步打造汽车文化活动品牌。

（四）交通工程学院文化育人成效

交通工程学院不断推进"三全育人"工作，以有保障的条件为前提，实践了"文化育人"的改革，取得了一些成效，主要内容如下。

1. 开学典礼爱党爱国主题教育

2021年11月5日上午7:00，交通工程学院在学校田径场举行庄严的升国旗仪式，学院党总支副书记覃媛作国旗下讲话暨爱国主义教育，学院2020级、2021级全体在校生及专兼职辅导员以及刚刚到校报到的160多名2020级和2021级联合办学点的同学共同参加。大家迎着霞光，奏唱国歌，看着五星国旗冉冉升起，心情无比激动和自豪。覃副书记在讲话中说到，今年，是中国共产党成立100周年，7月1日，庆祝中国共产党成立100周年大会在首都北京天安门广场隆重举行，习近平总书记在庆典大会上的讲话精神，让我们无比振奋，倍感自豪，用网络上最火的话来表达心情，那就是何其有幸，生于华夏，生于盛世，不经战乱，不缺衣食，享受着安居乐业，感恩祖国的庇护，有幸见证百年，祝愿祖国繁荣昌盛！希望同学们要自觉增强民族的自豪感和自信心，热爱我们伟大的党、热爱我们伟大的祖国，与祖国同呼吸、共担使命。

2. 缅怀先烈活动

联合其他二级学院，到烈士陵园举行"缅怀先烈，传承英雄遗志"活动，并做了相关报道，如图2-21和图2-22所示。

图 2-21　学生积极参加"缅怀先烈，传承英雄遗志"活动

图 2-22　开展"面向纪念碑默哀三分钟"向先烈致敬活动

3. 开展五四青年节文艺晚会

开展"百年五四，礼赞青春"——纪念五四运动 100 周年文艺晚会活动，并做了宣传报道，如图 2-23 和图 2-24 所示。

图 2-23　纪念五四运动 100 周年文艺晚会

图 2-24　晚会上教师学生合唱《歌唱祖国》

4. 开展毕业典礼感恩教育

交通工程学院举行"2021 届毕业生毕业典礼"并做了宣传报道，学院院长彭朝晖作了我院"三全育人"工作总结，毕业优秀学生讲述了大学三年求学之路，如图 2-25 和图 2-26 所示。

图 2-25　彭朝晖院长致辞

图 2-26　优秀毕业生代表发言、领取荣誉证书

5. 挖掘院（系）和学科专业文化育人要素

学院徐新福老师指导学生通过"实践育人"改革，利用废旧汽车零部件，完成了两个"机器人"塑造，形成了汽车文化园，并获得新闻媒体的报道，如图 2-27~图 2-29 所示。

图 2-27　交通工程学院汽车文化园

图 2-28　机器人模型"大黄蜂"在企业招聘会展现

6. 建设"1+X"新能源汽车职业技能等级证书省级指导中心

通过"1+X"新能源汽车职业技能等级证书省级指导中心的建设，在中心开展一系列培训文化教育活动，推进"技能、技术"文化交流活动。如图 2-30 和图 2-31 所示。

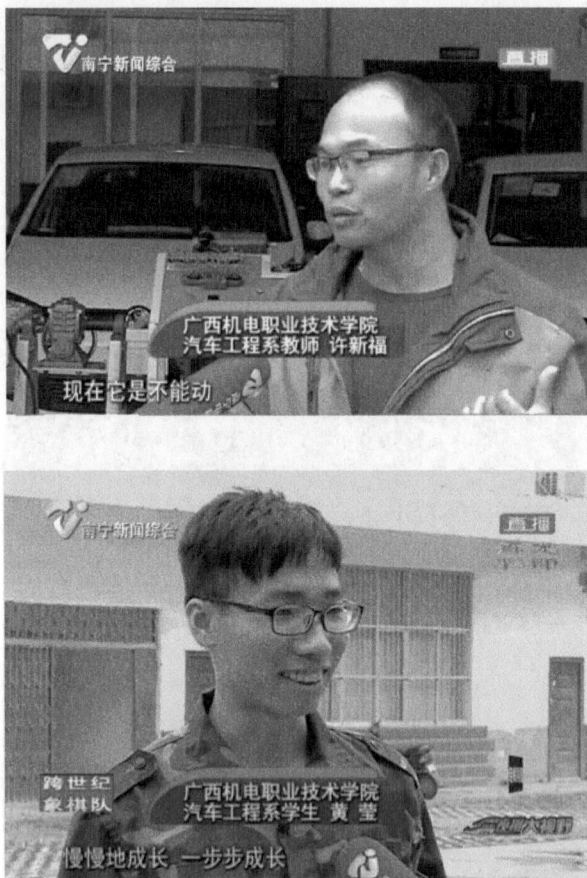

图 2-29　广西电视台报道交通工程学院"三全育人"中"实践育人"成效

图 2-30　开展师资能力提升培训

图 2-31 交通工程学院彭朝晖院长做"技术、技能"文化培训

7. 开展基层党日活动实例

广西机电职业技术学院基层党组织活动计划书
党组织名称：汽车工程系党总支部
活动名称：不忘初心，牢记使命，重走红军路
中共广西机电职业技术学院委员会组织部印

为了加强学生的爱国主义教育和革命传统教育，弘扬和培养民族精神，弘扬爱国主义和革命英雄主义精神，提高大学生道德实践水平，培养团结互助精神及吃苦耐劳品质，缅怀革命先烈的光辉业绩，我系团委将组织本系团学学生干部及积极学生代表开展清明节祭扫活动，现将具体活动策划要求通知如下。

一、活动主题

"缅怀革命先烈，传承革命精神"。

二、活动背景

扫墓，祭拜古人的文化风俗为广大中华儿女传承。时至今日，我们仍然不能忘记那些曾经为了祖国伟大事业抛头颅洒热血的革命先烈以及在新时期涌现出的一系列英雄人物，他们所代表的精神价值也越来越固定成为社会意识的一部分，教育青年大学生缅怀英烈事迹，弘扬爱国主义精神，引导广大青年学生树立正确的世界观、人生观、价值观，促进精神文明建设。

三、活动时间

2018 年 5 月 5 日（星期六）上午。

四、活动地点

广西烈士陵园纪念馆。

五、活动对象

1. 汽车工程系团员。

2. 汽车工程系在校学生入党积极分子。

3. 汽车工程系发展对象。

六、活动流程

1. 撰写本次活动策划书，向上级审批通过。

2. 做好活动前期工作：

（1）宣传本次活动、统计参加活动人数（按部门、小组报给莫锋统计）；

（2）人文科学系生活部负责帮忙采购本次活动所需的花圈、彩纸等；

（3）团学各部门协助人文科学系一起完成花圈及相关祭品的制作；

（4）新闻信息部负责活动当天拍照。

3. 5月5日（周六）上午7：30在同心广场集合完毕，秘书部清点人数，蓝海睿交代活动注意事项。完毕之后出发。

4. 参加活动的全体同学从学校正门（同心广场）乘坐包车直达南宁市烈士陵园纪念馆大门，然后集体步行入园到革命烈士碑空旷地方后重新再集合，再签到清点人数，检查人员是否到齐。

5. 进行祭扫仪式。

全体起立—致哀悼词（人文科学系）—致宣誓词（汽车工程系）—默哀一分钟—献花（汽车工程系，人文科学系）—唱共青团团歌—扫墓活动结束—集体拍照留念—参观纪念馆—集合回校。

6. 自由参观、游览。

7. 素质拓展活动。

8. 活动结束后在之前集合地点集合，按小组清点人数。

二、管理育人

习近平总书记在湖南考察时强调，要全面贯彻党的教育方针，落实立德树人根本任务，深化教育改革，把社会主义核心价值观教育融入各级各类学校课程。落实立德树人根本任务，管理育人是一个重要环节。提升高校管理育人成效，亟须把育人作为管理工作的出发点和落脚点，通过行之有效的管理方式，在潜移默化中促进广大师生提升思想道德品质、养成良好行为习惯。高校要将管理育人理念渗透在学校教学、科研、行政管理、后勤服务等多个管理流程与环节中，积极采取行之有效的措施为师生解难事、办实事，在科学、民主、规范的管理过程中引导、传递"三全育人"理念，促进师生提升自我教育与自我约束能力，增强管理育人实效，推进落实立德树人根本任务。

（一）高校"管理育人"主要内容要求

管理育人是育人工作的重要内容。管理育人需要科学的理论与方法。高校通过增强精细化管理的育人思想、制定精细化管理的育人机制，对学校管理水平的提高、育人目标的实现起到很大的指引作用。精细化管理是一种管理理念和管理技术，是通过规则的系统化和细化，运用程序化、标准化、数据化和信息化的手段，使组织各单元精确、高效、协同和持续运行。精细化管理体现了组织对管理的完美追求，是严谨认真、精益求精思想的贯彻。它是一个永续精进的过程，是由自上而下的积极引导和自下而上的自觉践行组成的常态管理模式，广西机电职业技术学院目前在各部门、各单位及全校全体成员中大力推行精细化管理，将精细化的管理理念应用于学校管理的方方面面，至今已经初显成效。形成了在细微之处做事情的风格以及精益求精的工作精神，拥有科学、规范的工作流程，学校的整体管理水平得到提高，各项工作任务能够安全、顺利、高效地完成，很大程度上提高了学校管理育人的质量。主要举措有以下几点。

1. 不断健全学校规章制度体系

紧密结合学校改革发展实际，以学校《章程》为核心，加强民主监督，强化制度执行力，推动制度落实落细，为学校科学管理、依法治校奠定坚实基础，进一步提升学校治理体系和治理能力的现代化水平。结合主要领导经济责任审计反馈意见、《纪检监察建议书》整改、巡视巡察等工作要求，以"精简机构、理顺关系、动态调整、提高效能"为原则，对学校委员会、领导小组进行梳理调整。制定、修订党的建设、思想文化建设、人才培养、科学研究、学科建设、队伍建设、管理服务等校级规章制度、方案、标准等重要文件。针对制度之间内容分散、交叉重复、互相矛盾等问题，提出修改完善、归并整合意见，及时对每年废、改、立情况进行梳理、更新，废止规章制度。

出台《岗位聘用实施办法》，完善以岗位聘用为核心的用人制度、以岗位业绩为核心的分配制度，从人才培养、科学研究、学科建设、社会服务、文化传承等需要出发，研究并合理配置专业技术、管理、工勤队伍，动态调整队伍规模和结构。出台《关于建立健全师德师风建设长效机制的实施办法》《落实研究生导师立德树人职责实施细则》《师德失范行为处理方法》等系列文件，完善师德师风建设制度体系。

2. 逐步完善管理考核评价体系

选优配强各级领导干部和领导班子，科学制定干部队伍中长期规划和优秀年轻干部队伍规划，通过专题培训、交流挂职、读书研修等提升干部政治素质和专业能力。严格干部管理监督，制定《干部任职管理办法》《外派相关单位干部管理实施细则》，修订《干部兼职管理办法》《干部试用期考核》等，完善领导班子和干部年度考核办法，激励干部担当作为，形成干事创业良好氛围。下发《关于做好师德考核的说明》，指导各分党委在人才招聘、年度（聘期）考核、职务晋升、岗位聘任、评奖评优、导师遴选、人才推荐评奖等工作中，对应聘者或本单位教职工开展师德考察、考核，进一步将师德考核贯穿于教师日常管理工作中。

规范经费使用，每年预算编制均从协同育人机制体制改革的实际需求出发，优先保证教学育人经费基本投入，并逐年根据实际情况加大专项经费投入，确保教学、科研工作协调、健康、可持续发展。先后制定或修订了《关于进一步加强学校经费管理的通知》《学校预算管理办法》《学校学生实习经费管理办法》等文件，为管理育人加强经费使用制度保障。

3. 持续加强人才队伍教育培训

举办领军学者、青年拔尖人才"爱国奋斗、不忘初心"系列研修活动，发挥领军学者、青年人才示范引领作用；举办"走中国青年知识分子成长的正确道路"专题活动，通过理论、国情、校史、学科发展前沿研修等，开展爱国奋斗精神教育。开展新教工入职培训、"青年学术沙龙""思政沙龙""新时代'大先生'"讲坛、教工课堂、青年拔尖人才分享会等，将社会主义核心价值观、爱国奋斗精神作为重要内容，增强对教师的思想引领和人文关怀。将每年一个月作为师德师风建设月，开展新教工入职宣誓、签订师德承诺、联系慰问专家、表彰先进等活动，教育引导教职工不断涵养高尚师德，强化师德师风建设。

组织开展管理干部系列培训。实施干部政治能力提升计划、新时期党建工作能力提升计划、干部专业能力提升计划、骨干教师与年轻干部素质提升计划、党支部书记履职能力提升计划、网络培训提质计划等，分批分类开展教育培训，提升干部队伍综合能力。

（二）交通工程学院"管理育人"创新理念

交通工程学院将抽象的育人理念转化为具体的育人行为，将"温暖人、感染人、培养人"融入"管理育人"的制度中。真正做到教育无小事，事事皆育人；善于以育人的视角寻找管理和教育的契机，用暖心的态度办有温度的教育。交通工程学院提出管理服务育人新理念，将"为党育人，为国育才"的教育目标有效转化为实实在在的教育教学活动。

1. 提出"四有"管理服务育人工作目标

交通工程学院创新性地提出了"有温度、有内涵、有创新、有保障"的"四有"管理服务育人工作目标。立足新学情，引导和带动全体教师积极投身"三全育人"工作实践。创新性提出了"有温度的教育管理、有内涵的教学改革、有创新的校企合作、有保障的条件改善"的"四有"管理服务育人工作目标，坚持以德施教，加强党建团建、班风学风建设，组织学生广泛开展社会实践和志愿服务，引导学生明大德、守公德、严私德，进一步坚定理想信念。

2. 将"四有"标准转化成一项项融入课程思政的教育教学活动

交通工程学院积极加强教师队伍管理，明确育人职责，强化师德师风考核。同时，围绕"机电院—交通工程学院方案"的"三全育人"工作理念，加强对学生在跟岗实习期间的教育、管理及服务，积极构建学校、企业、学生家长、实习指导老师、辅导员、企业师傅"两个主体，多方融合"的育人机制，并先后制定了《交通工程学院学生跟岗实习日报、周报、月报管理制度》《交通工程学院学生跟岗实习安全管理办法》《交通工程学院学生顶岗实习安全管理预案》等系列跟岗实习、顶岗实习学生服务管理制度，为学生跟岗、顶岗实习工作提供制度保障。

3. 校企合作协同育人成效凸显，学生素质技能明显提高

交通工程学院积极贯彻落实教育部"旺工淡学、错峰教学"的精神，充分利用合作企业的产业资源，积极联合吉利汽车集团共建汽车产业学院，搭建产教融合、校企协同育人平台等。积极推动人才培养与产业链需求的紧密对接，不断提高人才培养质量，经实践检验，学院"三全育人"探索改革及育人成效获得学校、企业充分肯定及认可，多名学生在吉利汽车"技能之星"大赛中取得多项佳绩（其中，一等奖3人，二等奖3人，三等级2人，优秀奖2人）；许新福老师及蓝森凯、陈漫漫两位同学被吉利汽车集团有限公司聘为"校企文化大使"；李世久等11名同学荣获优秀实习生奖，学生综合素质和技能得到了用人单位的认可，切实提升了人才培养质量的社会适应性。

（三）交通工程学院"管理育人"经验总结

交通工程学院一直秉承"管理育人"是一种教育思想，即学院在学生培养过程中，通过全体教职员工和一切育人环境条件，形成一个教育所涉及的各方面的育人系统，营造一个有广泛内容和空间范围的关心、爱护、帮助、教育、引导、督促和保证学生健康成才的教育教学环境，培养德、智、体全面合格的人才。通过不断实践，塑造了自己的一套"管理育人"模式。

1. 明确岗位育人职责

以育人为宗旨，全面建立岗位育人新机制。树立全面育人理念，尊重教育规律、教学规律、人才成长规律，建立学院教职工全员岗位育人的一系列管理体系、评价体系、奖励体系，创立基础教育育人新模式。健全教师考核评价机制，落实教职工岗位育人职责，实行育人导师制，实现育人制度化；全面挖掘课程功

能，分解德育要点，细化育人目标，突出课程育人内涵；关注学生差异，发展每一个学生优势潜能，建立学习困难学生帮助机制。为进一步加强和改进学校德育工作，全面提升教育教学管理水平及质量，进一步加强和改进大学生思想道德建设，动员多方力量，整合多种资源对学生进行思想道德、心理健康、行为规范等方面的指导，真正构建起"管理育人，教育育人，服务育人，全员育人，全程育人"的德育机制，以"面向全体学生，不让一个学生掉队"为宗旨，引导广大教职工树立"人人都是德育工作者"的教育理念，努力探索新形势下学院德育工作新模式。

明确岗位育人职责是"管理育人"工作的重要组成部分。领导干部和各类专业技术人员要通过教学管理、行政管理履行育人职责。牢固树立管理育人意识，改进工作作风，做好本职工作，不断提高管理水平。

各类管理人员要增强管理育人意识，忠于职守，尽职尽责，弘扬敬业精神，内练素质，外树形象。管理人员接触学生要做到仪表端庄，语言文明，态度和蔼，主动热情。要不断提高管理水平，使学生在接受管理过程中，受到良好形象和高尚精神的熏陶和感染。

党员领导干部要自觉加强党性修养，提高道德境界和情操，勤政廉洁，做群众的楷模。要把认真为师生解决思想、工作、学习、生活上的问题作为本职工作，全心全意为师生服务，提高工作质量。

教学团队、德育干部要把思想政治教育和管理工作有机结合起来，全面掌握学生思想脉搏，在管理工作中认真做好学生思想政治教育工作，彻底转变重管理、轻教育的倾向。要以道德行为规范教育为主要内容，以制度建设和实施为重点，以形成高起点的文明校风为标志，强化管理力度。切实加强学生的入学教育、毕业教育、就业教育、思想道德教育和行为规范教育工作。

从事管理的工作人员要相互支持、团结互助、顾全大局，工作上不相互推诿，克服拖拖拉拉、久议不决、决而不行的现象，提高办事效率，讲求实效，保证质量，有关学生管理的各项事宜及时承办，并坚持管育结合，注重思想教育。发扬求真务实精神，真抓实干，经常深入师生中进行调查研究，了解情况，及时解决管理中存在的问题，暂时不能解决的要说明原因，给师生以满意的答复。

交通工程学院还编制了体现育人元素的岗位说明书。结合交通工程学院各岗位职责的制订，创新性地提出了"有温度、有内涵、有创新、有保障"的"四有"管理服务育人工作目标，更细化地明确规定了管理岗位、专任教师岗位、辅导员岗位的岗位职责，关于育人方面的明确要求。

2. 加强教师队伍管理

教师是学校发展的关键因素，激发教师工作的积极性，就能最大限度地提高学校的教育质量。因此，学院特别重视加强对教师的管理。

交通工程学院把思想政治素质考核作为选聘教师的重要依据。把思想政治素质考核作为首要选聘依据，并把师德师风考核结果运用到各项评优评先工作。严格且全方位地考察选聘教师的思想政治素质；不断完善、优化、执行把思想政治素质考核作为教师评聘的首要条件。对违反师德和学术不端行为严格查处。交通工程学院认真贯彻落实师德师风考核工作，不走过场。定期或不定期对教师学术成果进行抽检；制定学术不端行为查处制度，对发现存在学术不端行为的教师严格按照制度进行处罚。

（1）实行民主管理，吸收教师参与决策。激励教师在学校重大问题上发言，建言献策，让教师也介入学校管理，知道学校面临的是什么问题，该怎么办，使他们意识到个人在集体中的重要性，进而产生心理上的满足。这样便能达到学校领导与教师间的有效沟通，充分调动起教师的积极性；校领导和教师一起制定将先进经验付诸实践的措施、方案。

（2）从具体的教育教学工作中，正确评价教师。学院领导介入具体的教育教学工作中，密切与教师的关系，了解教师在工作中的甘苦，并在工作上和生活上为教师创造更多的方便条件。这样，既有利于及时得到教师信息的反馈，有利于对教师做出具体、深入、正确的评价，也有利于进行有针对性的指导、帮助教师，使其获得心理上的满足和荣誉感，从而使教学水平日臻完善。采用的创新方法有：

1）对新、老教师分别进行有计划的课堂评价工作；

2）运用绩效强化对教师的成绩和效果公正评价；

3）组织教师听优质课、区域性研究课、改革课，广泛宣传先进教师的教学经验。

（3）帮助受挫折的教师。清除教师在工作中遭遇失败时产生的心理挫折是学校管理中不可忽视的问题。问题处理得好，不仅能调动教师工作的积极性，还能提高心理健康水平。对于教师在受挫折后产生的破坏性的消极反应，学校应给予同情、容忍和谅解，不能将其与常态下的不良行为等同看待。作为一名校长，要富于同情心、忍耐心，及时创造解决问题的氛围，达到解决问题的目的。在解决问题时，还要注意心理治疗，可以根据具体情况采用个别谈话、生活会、意见征求会等方式，让受挫折的教师有抒发怨气和不满的机会，达到心理平衡，使其把本职工作做得更好。

（4）为教师创造良好的工作、生活环境。积极性的心理源泉来自人的需要。教师除了具有一般人的需要外，还有其自身需要，即事业的需要，希望有较好的工作和生活条件，希望得到培养和提高。为此，要求做到以下几点。

1）解决好教师的生活问题，使他们对学校有一个良好、舒适的感觉。

2）活跃教师生活，开展丰富多彩的教师娱乐活动，使教师放松心情，避免教师过度疲劳。

3）在工作量化上，尽量兼顾新教师和中老年教师。尽管说要给新教师压担子，但由于刚从学校出来，经验欠缺，培养需要一个过程。而中老年教师，特别是接近退休年龄的教师，精力不是很够，需要多休息。

4）积极为教师成长搭建平台，真正搞好校本教研工作，推出优秀教师、骨干教师送市、区培训提高，激发成就动机。

5）进行校园环境的美化建设，创造舒适的工作环境。

（5）建立良好的人际关系。积极、良好的人际关系，可以为一所学校带来教育教学工作的生机。一般来说，教师的整体素质都比较高，他们有更高的追求，不仅仅满足于一般的物质需要，还有发展的需要、成就需要和自我实现的需要等。因而学校管理者应尽量创造条件，改善环境，让教师承担既具有挑战性又具有现实意义和价值的工作，充分发挥教师的才能和潜力。学校领导要善于维护教师的声誉，善于同教师商量，虚心接受教师的批评和意见，关心教师的需要和要求，工作中配合默契，形成一种相互信赖和尊重的氛围。并举办各种活动，沟通情感，为以后工作创设良好的氛围。对教师取得的成功，学校领导应及时给予表扬，肯定他们对学校做出的贡献。

3. 建立考核评价激励机制

高校教师考核激励机制是高等学校为调动教师的工作积极性而规定的关于教师考核评价的目的、原则、内容、标准、办法、措施、作用及实际运行、操作的方式方法等的总和。教师考核激励机制对教师的思想和行为具有导向、鞭策和推动作用，这种激励机制只有科学合理，才能促进教师的发展，开发教师的潜能，激发和鼓励教师朝着组织所期望的目标积极、主动并有创造性地工作，从而促进教育教学质量的提高及办学水平的提升；如果这种激励机制不科学、不合理，则会妨碍教师的发展，挫伤教师的积极性，扼杀教师的创造性，影响和谐校园建设和教师的身心健康，从而降低教育教学质量和办学水平。

（1）进行科学的绩效考核体系设计，保证绩效考核目的的实现。绩效考核体系是学校设计的一套引导教职工行为朝向组织目标的考核项目和标准。科学的绩效考核体系设计主要包括三个方面的内容：绩效考核目标的设置；绩效考核周期的确定；绩效考核主体的选择。绩效考核应同高校发展战略融为一体。学校在进行绩效考核目标的设置时，即把自己的中、长期目标分解到每一个部门和系（院、部），再到每一个教职工；把教职工日常所做的工作，跟学校的宏观目标联系起来，让教职工知道自己日常所做的工作对学校宏观目标有什么样的影响，增强教职工主人翁责任意识。绩效考核的量化指标是学校目标的具体化，通过对教职工绩效考核，学校领导者宏观掌握学校内部各个部门的运作状况和教职工的工作状况，保证学校朝着预期目标顺利推进。

（2）健全有效的激励机制，充分发挥教职工积极性、主动性和创造性。完善教职工奖励和惩罚各项制度。激励包括奖励和惩罚；采取多种激励方式，发挥激励作用，在实施激励措施时，应对教职工的需求进行认真的分析，一刀切地对所有人采用同样的激励手段，结果会适得其反。如对教学、科研人员和工人采用同样的激励手段，有时激励作用便得不到充分发挥，教学、科研人员需要的并不只是奖金和表扬，还有追求事业的成就感。采取什么激励方式，要因事、因贡献大小、因奖励能力、因奖励对象，确定激励方式，或物质奖励、或精神奖励、或升迁（处罚）、培训等，使激励达到应有的效果，充分发挥作用。

（3）交通工程学院把育人功能纳入管理岗位考核评价范围，作为评奖评优条件。2021年2月公布的学校绩效考核办法，列有单独的一项"育人工作考核办法"，对照学校"育人工作考核办法"，健全完善学院"管理岗位育人工作考核办法"，并把考核结果运用到评先评优、项目申报评审工作中。

4. 管理育人成效

（1）明确岗位育人职责。通过充分调研、研讨，明确各个岗位"三全育人"的工作职责，见表2-6和表2-7。

表2-6　二级学院领导［党总支书记（院长）、党总支副书记、
产业学院院长、副院长］育人职责

岗　位	具体化工作	工　作　标　准
党总支书记 （院长）	1. 主持党总支日常工作	（1）负责召集党总支部委员会和党总支部党员大会； （2）研究安排总支工作，研究年度、季度总支工作，审核把关工作计划、方案、安排等； （3）检查总支工作在支部的落实情况和各支部的工作计划、决议的执行情况，指导推进支部规范化建设； （4）抓好党的思想、组织、作风建设，抓好党员和师生的理论学习及重大政治活动，发展党员以及党员的教育、管理和监督； （5）抓好党风廉政建设； （6）向学校党委汇报工作，向党员大会报告工作
	2. 抓好意识形态工作、本院教职工思想政治教育和师资队伍建设工作	（1）抓好本院师生意识形态工作； （2）抓好本院教职工思想政治教育工作，及时掌握党员和师生的思想、工作、学习和生活情况； （3）负责本学院师资队伍建设

岗　位	具体化工作	工 作 标 准
党总支书记 （院长）	3. 组织开展教师培训工作	（1）根据学校要求，统筹规划全院教师的培训工作，提升教师的教学能力和科研能力； （2）全面提高教师的综合素质、教育教学理念、前沿知识、教育教学水平和教学质量； （3）全面提升教师的科研能力、科研水平，提升教师的社会服务能力
	4. 协助拟定全校科研中长远规划	（1）科研工作的顶层设计，准确把握各项政策，做好本院科研中长远规划； （2）按职能部门时间节点要求提交相关建议、意见
	5. 负责院内外各类科研项目经费管理审核工作	（1）做好项目经费支出审核； （2）按照合同审批流程办结审批手续，在 7 个工作日内完成校内审批工作，教职工满意率 98% 以上
	6. 督促抓好学生管理育人即思想教育服务	（1）审核本学院管理育人即思想教育服务工作计划； （2）为全院学生提供管理育人即思想教育服务； （3）分析总结本学院管理育人即思想教育服务情况
	7. 生源组织和发动工作	（1）根据学校年度《招生工作方案》的要求，组织开展本学院的各项招生工作； （2）根据历年生源情况，拓展生源渠道； （3）负责编制本学院各专业招生计划
	8. 负责本院各项规章制度的规划制定工作	（1）负责学院规章制定的修订； （2）抓好各项规章制度的执行
	9. 做好本院教职工的教育、管理、考核和监督工作	（1）抓好教职工的日常教育和日常考勤管理； （2）根据学校安排部署，做好本院教职工的试用期考核、聘用考核、年度考核、年度绩效考核等； （3）监督教职工高质量完成教学工作，将课程思政融入教育教学，提升教书育人的能力
	10. 负责本院安全稳定、计划生育	（1）负责学院的安全稳定、疫情防控工作； （2）抓好学院的计划生育工作
	11. 负责本院廉政建设工作	（1）制订学院年度廉政工作计划； （2）抓好廉政工作的落实
	12. 完成学校安排的其他工作任务	及时组织完成学校安排的其他临时的工作任务

岗 位	具体化工作	工 作 标 准
副院长 1	1. 负责日常教学管理工作	（1）全面负责部门日常教学管理工作，常规工作无差错； （2）做好对教师的教学评价、绩效考核等工作； （3）做好教师教案、授课计划、备课、上课、听课、检查、督导等日常教学管理工作； （4）根据学校教材的选用标准和原则，做好每个学期的教材选用工作； （5）根据学校教学安排，做好学生的实训、实习管理工作
	2. 负责组织落实课程思政建设	（1）根据教育部和学校立德树人的要求，组织落实各专业的课程思政的规划和建设工作； （2）有序推进课程思政工作，构建全员、全程、全课程育人格局，将各类课程与思想政治理论课同向同行，形成协同效应； （3）落实在各门专业课程中融入职业标准、职业道德、爱国情怀、工匠精神、吃苦耐劳等思政元素
	3. 制定修订并审核专业人才培养方案	（1）组织安排各专业进行岗位调研并撰写专业岗位调研报告； （2）布置制定修订和审核各专业人才培养方案； （3）按人才培养方案和培养目标开展教育教学工作，常规工作无差错
	4. 做好专业建设和专业改革工作	（1）负责把控全院各专业设置、专业布局和专业方向，做好行业企业调研、论证工作； （2）负责把控全院各专业的人才培养目标、人才培养方案、课程体系设置； （3）统筹规划全院各专业的师资队伍建设、课程建设、教学改革、实践教学、科研等
	5. 抓好本院各级各类纵向科研项目的申报、初审、执行、验收、结题等管理工作	（1）根据科研主管部门文件要求，完成各类科研纵向项目的申报工作； （2）公平、公开、公正，对限项申报项目组织专家评审并公示
	6. 负责本院科研成果奖、教学成果奖评选的管理、申报工作	（1）根据主管部门文件要求，完成各类科研成果奖、教学成果奖的申报工作； （2）做到公平、公开、公正，对限项申报奖项组织校外专家评审并公示

岗　位	具体化工作	工 作 标 准
副院长 1	7. 组织协调技能竞赛工作	（1）组织协调职业技能竞赛训练、参赛工作； （2）组织协调承办好职业技能竞赛工作； （3）根据竞赛指南和竞赛要求，做好参赛选手的选拔、训练、参赛工作； （4）根据学校要求，做好承办技能竞赛的组织、筹备、安全、保障等工作
	8. 做好本院大学生创新创业项目申报、立项、管理与验收指导工作	指导学院大学生创新创业项目申报、立项、管理与验收等工作过程管理
	9. 负责组织成人教育、专本衔接管理工作	（1）统筹学院成人教育、专本衔接的工作； （2）做好成人教育、专本衔接的排课工作； （3）做好成人教育、专本衔接的日常管理工作
	10. 负责本院校内实训实验室规划、建设和管理，以及设备采购立项申请及管理	（1）校内实训实验室的规划、建设和管理； （2）设备采购立项申请及管理
副院长 2	1. 分管学院行政工作	（1）负责各项会议的筹备工作； （2）负责各类培训的组织工作； （3）负责教学、办公场所场地规划、设施管理工作； （4）负责学院外事活动，指导全院性学术交流和对外交流活动； （5）负责保卫、后勤保障工作
	2. 招生宣传和咨询服务工作	（1）负责落实招生 QQ、微信、论坛的咨询服务工作； （2）负责落实招生咨询电话的接听回复工作； （3）负责落实招生现场来访接待和咨询服务工作
	3. 负责学院网站管理工作	（1）负责学院网站的更新工作； （2）负责网站正确舆论导向的监督工作，引导师生树立正确的世界观、人生观、价值观
	4. 负责双高验收等材料申报工作	（1）遵循深入调研、充分论证、高标准建设的工作原则，确定双高建设内容、指导建设规划起草工作； （2）督促双高建设规划任务的分解落实； （3）督促做好双高建设各项规划数据统计、反馈工作，确保规划目标如期完成

续表 2-6

岗　位	具体化工作	工 作 标 准
副院长 2	5. 负责本院各类研究中心（研究基地）的建设及团队项目申报工作	（1）根据主管部门文件要求，指导完成研究中心（研究基地）申报工作； （2）负责团队项目的申报工作
	6. 负责外协生产、技能鉴定等对内、对外服务工作	（1）主动联系企业，对接技能鉴定等各项对外服务工作； （2）负责校内学生职业技能鉴定工作
产业学院院长	1. 具体负责产业学院管理工作	（1）建立健全产业学院的校企合作、产教融合协同育人机制； （2）统筹规划产业学院，探索产业学院的人才培养模式； （3）对接龙头企业和产业链，融合企业优势资源，开展人才培养、科学研究和社会服务工作； （4）组织协调产业学院的各项日常管理工作
	2. 编制就业工作方案	根据学院就业工作总体部署，制订本学院毕业生就业工作计划并组织落实
	3. 负责本学院学生的就业教育及就业推荐工作	（1）组织学习和贯彻国家及自治区有关毕业生就业政策，部署全院毕业生就业工作，引导学生树立工匠精神、吃苦耐劳意识； （2）审批学院毕业生就业工作年度实施方案； （3）指导建立学院毕业生就业服务体系，推进就业工作机制体制创新； （4）检查、指导本学院毕业生就业工作开展情况； （5）审批学院毕业生就业质量年度报告； （6）负责组织推动本学院毕业生就业工作，并按学校统一部署完成相应的就业率目标
	4. 确定校企合作各项工作开展	（1）落实联系地方具备条件合作的企业； （2）签订企业与学校的校企合作协议； （3）协调解决校企合作中出现的困难
	5. 组织安排学生跟岗、顶岗实习管理工作	（1）根据学校要求，组织安排好学生的跟岗、顶岗实习管理工作； （2）组织安排学生跟岗、顶岗实习动员大会，做好学生跟岗、顶岗安全教育； （3）组织协调好实习指导、岗位操作等工作； （4）组织安排好学生跟岗、顶岗实习期间的指导、考核、评价等工作

岗　位	具体化工作	工　作　标　准
党总支副书记	1. 协助党总支书记抓好各项党务工作	（1）落实党总支部委员会和党总支部党员大会的筹备和组织工作； （2）研究总支工作，制定有关工作计划、方案、安排等； （3）检查总支工作在支部的落实情况和各支部的工作计划、决议的执行情况，指导推进支部规范化建设； （4）组织开展好党员和师生的理论学习及重大政治活动，落实好发展党员工作，协助抓好党员的教育、管理和监督； （5）协助抓好党风廉政建设
	2. 负责新生入学的接待、教育及开学注册工作	（1）8 月制定本学院新生入学的接待和教育工作方案，及时有效落实工作方案； （2）按方案组织新生报到工作，现场秩序稳定有序，无差错； （3）按方案要求开展新生入学教育工作，常规工作无差错； （4）做好开学学生报到、注册工作，及时上报学生回校报到、注册情况
	3. 负责本学院学生日常纪律检查及学生违纪处理	（1）督促开展班级学生日常纪律检查工作； （2）成立学生违纪处理委员会对违纪学生情况依法调查取证； （3）召开学生违纪处理委员会会议，拟订给予违纪处理学生处分情况进行决议，形成会议纪要并上报学院学生违纪处理委员会审核
	4. 配合学校做好学生的安全教育和安全防范工作	（1）新生入学后，要及时组织召开全学院新生安全教育大会，帮助学生掌握基本安全防范知识和技能，覆盖率达 100%； （2）每学期开学、期末对学生进行 1 次专题安全教育，覆盖率达 100%； （3）节假日、开展重大活动或出现典型事件时要对学生进行 1 次安全教育工作，加强教育和防范，覆盖率达 100%； （4）督促和指导辅导员开展安全教育课授课，按时上报成绩，工作无误差
	5. 为学生提供管理育人即思想教育服务工作	（1）根据学校工作要求，制订本学院管理育人即思想教育服务工作计划； （2）按要求为全学院学生提供管理育人即思想教育服务； （3）分析本学院管理育人即思想教育服务情况，完成工作总结

岗 位	具体化工作	工 作 标 准
党总支副书记	6. 及时向有关部门报告并处理突发事件	（1）及时了解和掌握突发事件的情况并向学院党总支书记或学生工作部（处）报告，并在学院党总支书记或学生工作部（处）的指导下展开事件处理工作； （2）根据事件性质，应及时与涉及事件的学生家长联系，告知事件原因、处理结果，或者征得家长同意后进行救治； （3）视情况，及时与公安、交警、消防、公共卫生部门等取得联系，协助好救援工作； （4）对突发事件涉及的学生及时做好思想政治教育和心理安抚工作； （5）事后及时整理处理情况并书面报告至学院党总支书记或学生工作部（处）
	7. 负责组织审核学生个人综合素质考评和评先评优工作	（1）春季学期开学1个月内汇总审核秋季学期的综合素质考评，按时上报，无差错； （2）秋季学期开学1个月内汇总审核上交春季学期的综合素质考评以及上一学年学院先进集体、先进个人、学业综合奖学金、专项奖学金等相关材料，无差错； （3）按要求开展各类评先评优工作，程序合规、公平、公正、公开，评选结果无异议，无差错
	8. 负责组织开展各类奖贷助勤补免工作	（1）根据上级和学校发布的学生奖贷助勤补免工作通知要求，及时传达和落实； （2）按文件要求组织开展各类学生奖贷助勤补免工作，程序合规、公平、公正、公开，结果无异议，按时上报相关材料，无差错； （3）指导辅导员做好各类学生奖贷助勤补免材料整理和归档，材料归档完整
	9. 安排期末的各项工作	（1）及时传达学校学生放假、学期期末及下学期开学学生管理有关工作要求并落实； （2）组织1次辅导员深入学生班级和宿舍，了解学生离校情况，确保学生安全文明离校度假； （3）督促辅导员按学院报到注册时间和下学期补考时间通知学生，按时返校、参加补考，并做好记录
	10. 抓好辅导员队伍建设	（1）组织并督促辅导员参加各类业务能力培训工作，确保每名辅导员每年参加培训不少于16学时； （2）指导和鼓励辅导员积极参加职务（职称）评聘、科研申报、论文发表、专利申报等学术研究工作； （3）做好辅导员日常管理工作，无重大差错； （4）完成辅导员本年度考评工作和评先评优工作，无差错

岗　位	具体化工作	工　作　标　准
党总支副书记	11. 领导学院团总支和学生会开展校园文化建设	(1) 指导团总支按照校团委要求，并结合本学院实际开展工作； (2) 审核把关团总支有关工作计划和方案

表 2-7　办公室主任、办公室秘书育人职责

岗　位	具体化工作	工　作　标　准
办公室主任	1. 资产管理工作	(1) 对购进、入库、存放的固定资产等工作，程序清晰，记录完整； (2) 积极配合学校相关部门，定期盘点资产，资产信息清楚，账、物一一对应； (3) 资产信息资料齐全，准确
	2. 年度考核工作	(1) 线上完成绩效考核管理系统人员设置，组织全体教师开展自评和他评任务； (2) 线下组织学生班级对实验实训管理教师进行实验实训室建设工作考核； (3) 完成绩效考核结果推送和相关材料报送
	3. 人才状态数据采集工作	(1) 组织全体教师完成个人基本信息采集； (2) 组织专业带头人完成课程设置、产学合作等信息采集； (3) 组织办公室秘书1、办公室秘书2完成顶岗实习、教师授课情况的信息采集； (4) 组织学生完成学生获奖情况的采集； (5) 完成采集信息的审核和数据推送
	4. "双师型"教师认定工作	(1) 组织全体教师完成"双师型"教师认定网络填报； (2) 初审全体教师"双师型"教师认定材料； (3) 协助教务处师资科完成全校教师"双师型"教师认定材料终审
	5. 职称评审工作	(1) 组织开展职称申报系统操作培训； (2) 组织教师填写职称评审的相关认定材料，协助行政职能部门完成教师职称评审的相关材料的认定； (3) 初审教师提交的职称评审材料； (4) 组织完成参加职称评审教师的答辩和材料推荐； (5) 协助学校职改办完成参加职称评审教师的材料终审
	6. 教师工资发放及账务系管理工作	(1) 每月按时制单上报教师工资； (2) 统计教师整年获奖情况对照部门绩效奖励方案，进行年终绩效结算； (3) 教师相关劳务费录入审批等

续表 2-7

岗　位	具体化工作	工　作　标　准
办公室主任	7. 部门日常管理工作	（1）部门行政人员的日常考勤及时上报人事处； （2）部门收文、拟文、发文工作； （3）部门各类会议的会前、会中、会后相关工作； （4）部门各类公务接待； （5）部门办公设备、办公家具的采购和报修； （6）部门大宗采购报备； （7）协助主管副院长做好各类建设项目验收； （8）协助主管副院长做好各类对内、对外培训工作、学生职业鉴定工作； （9）协助部门副院长撰写好部门工作计划和总结； （10）办理学生就读证明、复学手续、兵役申请等工作
	8. 合同管理工作	（1）部门合同保管，借阅； （2）监督合同执行情况，督促合同经办人按合同办理相关业务
	9. 部门领导及有关部门布置的其他工作任务	及时完成学院领导及相关部门布置的其他工作
办公室秘书 1	1. 新生入学相关工作	（1）协助主管学生工作的党总支副书记做好新生入学工作方案制定、新生入学相关工作协调； （2）协助主管学生工作的党总支副书记落实新生入学接待、宿舍安排、军训及管理、入学教育、新生档案收集、新生信息采集、新生火车票优惠卡办理、新生体检、新生心理健康排查等工作
	2. 指导本院各类科研成果的登记、评审、鉴定、奖励及管理	（1）根据学校各类成果管理、奖励办法指导科研成果的登记、评审、鉴定、奖励及管理工作； （2）做到公平、公开、公正，对评审的结果进行公示，无差错，零投诉
	3. 学生日常管理工作	（1）组织专兼职辅导员做好以下工作： 1）学生学籍注册、欠费催缴、学籍异动手续办理、补考通知、学业预警、学生管理工作档案的收集、整理和归档； 2）违纪学生处理，宿舍管理，放假、收假通知及相关工作安排； 3）学生英语等级考试报名、发证； 4）学生公共选修课、网络选修课和体育专项必修课选报； 5）学生缓考、免修申请审核，学生补考，清考通知； 6）优秀学生干部、三好学生评定和上报； 7）学生勤工助学申请及管理； 8）学生购买城镇医疗保险； 9）生源地助学贷款上报审核及发放管理； 10）入伍代偿申报，兵役登记工作。 （2）辅导员考核、辅导员津贴上报，辅导员日常管理工作

岗　位	具体化工作	工 作 标 准
办公室秘书1	4. 经济困难认定及各类奖学金评定工作	(1) 学生家庭经济困难学生认定、国家奖学金、国家励志奖学金、区政府奖学金、国家助学金、院内助学金、中升高补助评定工作； (2) 组织专兼职辅导员做好学院综合奖学金、专项奖学金评选
	5. 学生顶岗实习、就业工作	(1) 用人单位接待、学生就业推荐、招聘会组织、出发安排、离校前离校手续办理、顶岗实习过程管理、跟岗实习过程管理； (2) 组织专兼职辅导员做好学生实习安全教育、优秀毕业生推荐、专升本推荐、毕业证发放、就业信息跟踪统计核查工作
	6. 部门领导及有关部门布置的其他工作任务	及时完成学生处、教务处、保卫处、招生就业处、财务处等职能部门交办的其他工作
办公室秘书2	1. 日常教学管理工作	(1) 协助主管教学副院长做好每学期教师理论、实训教学任务安排，将课程思政融入教育教学过程； (2) 协助教管处做好学期排课、教材选订、成绩汇总上报、人才培养方案制定、课程考核和各类国家考试的监考安排，学生补考、重修、补课，特殊班级如精英班的教学管理； (3) 部门教师、外聘教师、行政兼课教师教学工作量统计； (4) 其他临时工作
	2. 学校专本衔接工作	(1) 组织专本衔接学生完成报名、缴费、考试； (2) 及时完成专本衔接学生的成绩上报和教师课酬发放； (3) 其他临时工作
	3. 外聘教师管理工作	(1) 每学期外聘教师的选聘、考核和教学指导； (2) 外聘教师档案材料完善、归档； (3) 外聘教师课酬发放
	4. 教学质量管理工作	(1) 组织教师完成学期授课计划编写； (2) 协助主管教学副院长做好每学期的期中检查及教学诊改工作； (3) 部门教师教学质量统计； (4) 完成质量管理处、教务处的听课安排
	5. 学校科研管理工作	指导教师操作学校科研管理系统，审核教师提交的各类教学、科研、专利、竞赛等成果
	6. 人才状态数据采集工作	(1) 组织专业带头人完成课程设置、产学合作等信息采集； (2) 组织教师完成授课情况的信息采集

岗　位	具体化工作	工　作　标　准
办公室秘书 2	7. 计生工作	统计部门教师计生情况，每月及时上报部门计生数据
	8. 部门领导及有关部门布置的其他工作任务	及时完成学院领导及相关部门布置的其他工作

副科级组织员育人职责见表 2-8。

表 2-8　副科级组织员育人职责

科室	岗　位	具体化工作	工　作　标　准
党建专职人员	副科级组织员	1. 负责做好发展党员工作	（1）协助党组织制订和实施发展党员工作计划； （2）指导基层党组织加强对入党积极分子、预备党员的培养教育考察； （3）审核把关发展对象条件、入党材料和发展程序，总结推广发展党员工作经验做法
		2. 做好党员教育管理	（1）制定和执行党员教育工作计划； （2）指导监督党组织落实"三会一课"、组织生活会、民主评议党员等制度； （3）做好组织关系转接、党籍管理、党员档案审核管理等工作
		3. 做好基层党组织建设工作	（1）指导督促基层党组织优化设置调整和按期换届； （2）负责党建信息相关数据报表的统计工作； （3）起草有关业务文稿； （4）协助落实党费收缴、使用和管理工作； （5）做好党组织材料的保管、整理和归档工作
		4. 做好党建工作的总结、宣传和信息报送等工作	（1）协助制订党建工作计划； （2）起草党建工作的总结； （3）做好党建工作的宣传和信息报送等工作
		5. 做好学校党委和学院总支交办的其他工作任务	（1）协助做好党组织会议的组织、记录和纪要整理等工作； （2）党委和总支交办的其他工作任务

团委书记、专职辅导员育人职责见表 2-9。

表 2-9   团委书记、专职辅导员育人职责

科室	岗 位	具体化工作	工 作 标 准
学工团队	团委书记	1. 落实校团委布置的各项工作任务	(1) 每年度提交二级学院团委工作计划和总结； (2) 每月召开基层团组织工作会议，落实本学院共青团工作计划和督查本月工作开展情况，指导各班团支部； (3) 开展共青团思想政治教育工作，每学期落实"三会一课"制度，规范团员组织生活； (4) 配合校团委开展五四评比工作； (5) 每年11—12月组织开展青马工程"陶冶"班培训； (6) 做好二级学院团委学生干部的考核、选拔； (7) 配合校团委每学期按计划做好团员发展工作和团员青年的推优审核工作； (8) 组织学生参加各类创新创业大赛； (9) 落实第二课堂活动审批、分数录入等工作； (10) 按期召开学院团员代表大会
		2. 指导学院学生会开展工作	(1) 制订并落实学生会工作计划，每月召开学生会工作例会，检查督促学生会各部门工作落实情况并制订和落实年度、月度工作计划；做好学院学生会学生干部的考核、选拔； (2) 按期召开学院学生代表大会
		3. 担任班级辅导员	根据学生工作处安排，担任 1~2 个班的辅导员，完成辅导员各项工作任务
		4. 指导学院易班工作站开展工作	(1) 检查学院易班各部门工作落实情况，做好学院易班学生干部的考核、选拔； (2) 督促活跃易班平台，在 App 内定期发布活动、新闻等； (3) 做好易班换届工作
		5. 完成学院党务工作	(1) 兼任学院党总支委员、学生党支部书记；协助党总支记、副书记做好党风廉政建设和意识形态工作；撰写党建月报、党务工作及党风廉政建设工作的计划和总结；组织召开主题党日，督促、检查各支部"三会一课"开展情况；根据党委、总支的要求和部署，开展各类专题学习，开办党校培训班； (2) 负责党员的发展与管理； (3) 严格落实"三会一课"、谈心谈话、党员民主评议等各项制度要求

科室	岗 位	具体化工作	工 作 标 准
学工团队	团委书记	6. 完成学院交办的其他工作任务	(1) 撰写学院重大活动及学生文体活动新闻稿； (2) 学院网页管理及维护； (3) 每两周向宣传部做舆情汇报； (4) 根据学院文件要求制定每次开展定点帮扶活动方案，协助开展定点帮扶工作； (5) 定期向学院汇报定点帮扶工作进展材料、整理材料； (6) 协助主管学生工作副书记做好学院每年迎新工作（招募志愿者、选聘优秀学生干部担任班助、制作宣传板展架、布置迎新工作大本营购买物资等）； (7) 协助主管学生工作副书记做好班级考勤、宿舍晚点、综合素质评定加分等工作； (8) 协助主管教学副院长做好各实验室的卫生打扫工作
	专职辅导员	1. 协助学院做好学生开学注册和新生入学的接待工作	(1) 依据方案做好新生入学接待工作和新生入学教育工作，工作无差错； (2) 熟悉新生接待工作流程，及时解答新生及家长的有关问题
		2. 组织好新生进行军训及入学教育	(1) 组织落实新生参加军训，做到军训覆盖率 100%； (2) 军训结束后 1 周内报送学生军训成绩，无差错
		3. 对学生进行校风、学风、班风教育	(1) 学年内所带班级学风评价分数全部达 60 分以上； (2) 所带班级学生受违纪处分人数少于班级总人数的 40%
		4. 负责学生干部的选拔、培养和骨干队伍的建设工作	(1) 每学年对所带班级的学生干部进行民主选举； (2) 每个月至少召开 1 次学生干部会议，了解学生干部的工作情况； (3) 做好学生入党积极分子培养教育工作
		5. 做好学生的安全教育和安全防范工作	(1) 每学期开学、期末对学生进行 1 次专题安全教育，覆盖率达 100%； (2) 节假日、开展重大活动或出现典型事件时要对学生进行 1 次安全教育工作，加强教育和防范，覆盖率达 100%； (3) 开展"安全教育课"授课，按时上报成绩，工作无误差、无延误
		6. 及时向分管领导及有关部门报告并处理突发事件	辅导员必须保持 24h 联络畅通，发生突发事件，第一时间到达现场协助处理并及时向有关部门领导报告

科室	岗 位	具体化工作	工 作 标 准
学工团队	专职辅导员	7. 负责学生的思想教育和日常管理工作	（1）熟悉学生家庭情况、个人特长等基本信息，掌握学生思想特点、动态及思想政治状况，每月至少组织1次主题班会； （2）有针对性地帮助大学生处理好学习成才、择业交友、健康生活等方面的具体问题，每学期至少与所带班级学生谈心谈话1次； （3）采用案例分析、宣传警示等形式对学生进行日常法律意识教育
		8. 及时向学生传达学校和本学院有关文件精神	在文件规定的时间内及时向学生传达并落实学校和本学院有关文件精神，不延后，覆盖率100%
		9. 检查学生日常纪律情况，并对违纪学生提出处理意见	准确把握国家有关法律法规和学校规章制度，每天不定期检查学生日常纪律情况，如发现违纪，5个工作日内整理违纪材料并对学生提出处理意见，上报系部
		10. 关注后进生的学习和生活情况，及时与家长联系和沟通	（1）建立后进生档案库，内容包括学生的家庭情况、学习状况、学习困难原因、学生个人特点等材料，每学期更新一次； （2）每学期至少1次就后进学生的情况与家长联系沟通，有记录
		11. 负责考评学生个人综合素质及评先评优工作	（1）春季学期开学1个月内完成秋季学期的综合素质考评，无差错，按时上报； （2）秋季学期开学1个月内完成春季学期的综合素质考评，以及上一学年学院先进集体、先进个人、学业综合奖学金、专项奖学金等相关材料，无差错，按时上报； （3）按要求开展各类评先评优工作，程序合规，公平、公正、公开，评选结果无异议，无差错
		12. 建立困难学生档案并审核困难学生的欠费缓缴手续	（1）10月底完成学年困难学生档案的整理归档，无错漏； （2）10月底审核困难学生欠费缓缴手续，及时督促学生按时缴费
		13. 协助组织开展学生奖贷助勤工作	按照学校和本学院要求，积极开展所管辖班级学生奖贷助勤各项工作，做好各类奖贷助勤工作数据和材料的汇总、审核、上报、材料归档等工作，无差错

科室	岗　位	具体化工作	工　作　标　准
学工团队	专职辅导员	14. 安排好期末的各项工作	（1）及时传达学校学生放假、学期期末及下学期开学学生管理有关工作要求并按要求落实； （2）开展一次假期学生安全教育工作，提醒学生注意假期安全防范事项，教育率达100%； （3）深入学生班级和宿舍了解学生离校情况，确保学生安全文明离校度假； （4）按学院报到注册时间和下学期补考时间通知学生，按时返校、参加补考，并做好记录
		15. 鼓励和支持学生积极参加校园文化建设及学院组织的各项活动	（1）组织学生参加"互联网+"全国大学生创新创业大赛； （2）组织学生参加挑战杯全国大学生课外学生科技作品竞赛和创业计划大赛
		16. 配合学校和本学院做好学生的就业教育及就业推荐工作	（1）协助办公室秘书1（学工）做好用人单位接待、学生就业推荐、招聘会组织、出发安排、离校前离校手续办理、顶岗实习过程管理、跟岗实习过程管理； （2）做好学生实习安全教育、优秀毕业生推荐、专升本推荐、毕业证发放、就业信息跟踪统计核查工作

教学团队育人职责见表 2-10。

表 2-10　教学团队育人职责

科室	岗　位	具体化工作	工　作　标　准
教学团队	专业带头人	1. 专业建设规划工作	（1）制定专业发展规划，突出专业办学特色，定期总结专业建设工作的经验、成果； （2）经常进行广泛、深入的社会调查，在掌握专业人才的社会需求与规格、质量要求的基础上，确立本专业的人才培养目标、培养规格、素质能力结构，明确专业办学方向； （3）负责专业建设项目的申报，组织专业团队教师完成上级部门对专业建设项目的检查、评估和验收工作
		2. 教学团队建设工作	（1）培养本专业的骨干教师，并负责本专业青年教师的教学指导，提高教学质量和业务水平； （2）根据专业发展需要，协助部门制定、实施专业师资培养规划和人才调配计划

科室	岗 位	具体化工作	工 作 标 准
教学团队	专业带头人	3. 课程建设工作	（1）组织专业团队教师制订及修订本专业的人才培养方案，将课程思政融入教学过程； （2）组织专业团队教师制订及修订专业教学计划，合理构建课程体系，统筹审定各门课程的课程标准； （3）定期召开专业团队会议，针对专业特点，研究专业教学改革，不断调整课程设置，充实教学内容和改善教学方法
		4. 实验（实训）室建设工作	（1）协助部门负责人制订和实施本专业实训室的规划与建设； （2）提出本专业实践教学、专业技能培养的方案与措施，配合部门充分利用与不断改善办学条件，加强实践教学，提高人才培养水平，强化本专业学生的就业竞争力
		5. 教学研究和科学研究工作	（1）组织培养本专业的骨干教师，并负责本专业青年教师的教学、科研工作指导； （2）围绕本专业的研究方向，积极组织各级各类纵向和横向科研项目的申报、研究和开发工作；以项目研究、开发为基础，组织学术梯队，形成研究合力，创造精品成果，培养优秀人才
		6. 部门领导及有关部门布置的其他工作任务	及时完成学院领导及相关部门布置的其他工作
	专业负责人	1. 专业建设规划工作	（1）制定专业发展规划，突出专业办学特色，定期总结专业建设工作的经验、成果； （2）经常进行广泛、深入的社会调查，在掌握专业人才的社会需求与规格、质量要求的基础上，确立本专业的人才培养目标、培养规格、素质能力结构，明确专业办学方向； （3）负责专业建设项目的申报，组织专业团队教师完成上级部门对专业建设项目的检查、评估和验收工作
		2. 教学团队建设工作	（1）培养本专业的骨干教师，并负责本专业青年教师的教学指导，提高教学质量和业务水平； （2）根据专业发展需要，协助部门制定、实施专业师资培养规划和人才调配计划
		3. 课程建设工作	（1）组织专业团队教师制订及修订本专业的人才培养方案，将课程思政融入教学过程； （2）组织专业团队教师制订及修订专业教学计划，合理构建课程体系，统筹审定各门课程的课程标准； （3）定期召开专业团队会议，针对专业特点，研究专业教学改革，不断调整课程设置，充实教学内容和改善教学方法

科室	岗　位	具体化工作	工　作　标　准
教学团队	专业负责人	4. 实验（实训）室建设工作	（1）协助部门负责人制订和实施本专业实训室的规划与建设； （2）提出本专业实践教学、专业技能培养的方案与措施，配合部门充分利用与不断改善办学条件，加强实践教学，提高人才培养水平，强化本专业学生的就业竞争力
		5. 教学研究和科学研究工作	（1）组织培养本专业的骨干教师，并负责本专业青年教师的教学、科研工作的指导； （2）围绕本专业的研究方向，积极组织各级各类纵向和横向科研项目的申报、研究和开发工作；以项目研究、开发为基础，组织学术梯队，形成研究合力，创造精品成果，培养优秀人才
		6. 部门领导及有关部门布置的其他工作任务	及时完成学院领导及相关部门布置的其他工作
	骨干教师	1. 专业建设规划工作	（1）协助专业带头人制定专业发展规划，突出专业办学特色，定期总结专业建设工作的经验、成果； （2）协助专业带头人开展广泛、深入的社会调查，在掌握专业人才的社会需求与规格、质量要求的基础上，确立本专业的人才培养目标、培养规格、素质能力结构，明确专业办学方向； （3）协助专业带头人做好专业建设项目的申报，组织专业团队教师完成上级部门对专业建设项目的检查、评估和验收工作
		2. 教学团队建设工作	（1）协助专业带头人做好本专业青年教师的教学指导，提高教学质量和业务水平； （2）根据专业发展需要，协助部门制定、实施专业师资培养规划和人才调配计划
		3. 课程建设工作	（1）协助专业带头人组织好专业团队教师制订及修订本专业的人才培养方案； （2）协助专业带头人组织好专业团队教师制订及修订专业教学计划，合理构建课程体系，统筹审定各门课程的课程标准； （3）协助专业带头人组织召开专业团队会议，针对专业特点，研究专业教学改革，不断调整课程设置，充实教学内容和改善教学方法

续表 2-10

科室	岗 位	具体化工作	工 作 标 准
教学团队	骨干教师	4. 实验（实训）室建设工作	（1）协助专业带头人制订和实施本专业实训室的规划与建设； （2）提出本专业实践教学、专业技能培养的方案与措施，配合部门充分利用与不断改善办学条件，加强实践教学，提高人才培养水平，强化本专业学生的就业竞争力
		5. 教学研究和科学研究工作	（1）协助专业带头人做好专业青年教师的教学、科研工作的指导； （2）围绕本专业的研究方向，积极组织各级各类纵向和横向科研项目的申报、研究和开发工作；以项目研究、开发为基础，组织学术梯队，形成研究合力，创造精品成果，培养优秀人才
		6. 部门领导及有关部门布置的其他工作任务	及时完成学院领导及相关部门布置的其他工作
	教师	1. 教学科研工作	（1）每年至少主讲两门课程（含实训），完成学院规定的教学工作任务，学生满意率平均达到80%，综合评价达80%以上； （2）积极参与实验室的管理工作； （3）积极申报科研项目，及时登记各类教学、科研成果，完成学校规定的科研工作任务
		2. 专业建设与社会服务工作	（1）积极参与专业建设与社会服务工作，完成学校规定的专业建设与社会服务工作任务； （2）积极参与学院承办的各类培训班； （3）积极参加企、事业实践锻炼或参与企业各类技改项目
		3. 育人工作	（1）承担本专业学生就业指导工作，并取得一定的成效； （2）配合辅导员做好专业学生的就业核查和就业调研； （3）完成学校规定的育人工作任务
		4. 部门领导及有关部门布置的其他工作任务	及时完成学院领导及相关部门布置的其他工作

（2）建立育人工作考核办法。

广西机电职业技术学院育人工作考核办法

为了全面贯彻党的教育方针，推进全员育人工作，保证学校人才培养质量，特制定本办法。

一、考核对象

学校在职在岗的教职工（专职辅导员除外）。

二、考核内容

育人工作，是指配合学校人才培养工作的开展，学校的教师、干部、职工在从事自己本职工作的过程中，以一定的形式，对学生进行直接或间接的教育过程，包括教书育人、管理育人、服务育人等。育人工作的考核内容主要包括：

（1）兼职辅导员工作；

（2）专业班主任工作；

（3）素质教育活动指导工作；

（4）专题报告和讲座；

（5）社团指导工作；

（6）党团建设指导工作；

（7）新生入学教育、学生就业和资助工作；

（8）行政职能部门工作人员为学生进行行政工作服务；

（9）副科级以上领导干部联系班级工作。

三、考核标准

（一）副科级以下普通教职工

副科级以下普通教职工的育人工作考核标准见表2-11。

表 2-11　副科级以下普通教职工的育人工作考核标准

序号	项　　目	考核内容	考核材料	考核结果
1	兼职辅导员工作	按《兼职辅导员工作考核办法》进行	学生工作部（处）提供考核结果	
2	专业班主任工作	承担各学院安排的专业班主任工作，指导一个班或一个年级的学生的学习指导工作，包括学生选课、专业学习方法和就业指导等	各学院任用文件	
3	素质教育活动指导工作	主持、参与、指导某项有组织的学生素质拓展、学生基本职业能力训练活动	活动策划书	

续表 2-11

序号	项　目	考核内容	考核材料	考核结果
4	专题报告和讲座	中级及以上职称教师和管理人员系统地、有计划地在某一范围内为学生作形势政策报告、学术或专题讲座；副教授及以上人员对教师作报告或讲座	专题报告材料	
5	社团指导工作	承担某一学生社团的日常指导工作或对学生参加社会实践、比赛、发明创造进行全程指导	团委提供考核结果	
6	党团建设指导工作	指导学生党建、团建工作，包括入党积极分子培养、学生党小组指导和学生党团课讲授	党团任职文件或党课、团课授课记录	
7	新生入学教育、学生就业、资助工作	积极联系社会实践岗位、推荐学生就业、毕业生跟踪调查、入学教育和资助贫困生工作等	相关工作文件、记录材料	
8	行政职能部门工作人员为学生进行行政工作服务	工作态度热情，为学生做好各种行政服务工作，不与学生发生工作或其他纠纷，不辱骂、羞辱和无端责备学生	服从学校育人工作安排的佐证材料	

（二）副科级以上领导干部

按照学校《副科级以上领导干部联系班级制度》进行考核，如同时担任兼职辅导员或社团指导教师，还需按《兼职辅导员工作考核办法》或《广西机电职业技术学院社团指导教师管理暂行办法》进行考核，见表2-12。

表 2-12　副科级以上领导干部育人工作考核标准

序号	项　目	考核内容	考核材料	备注
1	副科级以上领导干部联系班级工作	按照学校《副科级以上领导干部联系班级制度》进行考核	学生工作部（处）提供考核结果	
2	兼职辅导员工作	按《兼职辅导员工作考核办法》进行	学生工作部（处）提供考核结果	
3	社团指导工作	承担某一学生社团的日常指导工作或对学生参加社会实践、比赛、发明创造进行全程指导	团委提供考核结果	

四、考核等次

（1）育人工作考核结果分为合格与不合格等次。

（2）担任兼职辅导员工作的，将兼职辅导员工作考核作为其年度绩效考核的主要依据。兼职辅导员工作考核合格及以上的，育人工作认定为合格（有其他不合格因素的除外）；兼职辅导员工作考核基本合格及以下的，育人工作直接认定为不合格。

（3）兼职辅导员的任期从学校批准之日算起，到所带班级学生毕业为结束，除特殊原因外，一般不允许中途退出，否则所带班级的辅导员工作年限不予计算，且当年的育人工作考核为不合格。

（4）担任社团指导教师的，将社团指导教师工作考核作为其年度绩效考核的主要依据。

五、考核程序

（一）个人填报

个人于1月5日前填写《广西机电职业技术学院育人工作考核表》，进行育人工作总结，并向所在部门育人工作考核小组提供考核内容所列的育人工作事实材料。

（二）部门汇总、审核

各学院党总支书记或副书记、各行政职能部门负责人于1月5日前主持考核评议，初步拟定育人工作考核结果并在本部门公示，无异议后于1月20日前将考核结果汇总报学生工作部（处）。

（三）学生工作部（处）审核

团委于1月20日前将社团指导教师的考核结果送学生工作部（处），学生工作部（处）于每年1月25日前汇总审核后将育人工作考核结果向各部门反馈，并报人事处备案。

六、考核结果运用

育人工作考核不合格者，扣减当年5%的主岗位奖励性绩效工资，并返还给学校。

七、附则

本办法自2021年1月1日起实施，解释权归学生工作部（处）。

（3）建立人才引进相关制度。

广西机电职业技术学院 2021 年公开招聘急需紧缺
高层次人才公告

　　根据《广西壮族自治区人力资源和社会保障厅关于组织开展 2021 年广西重点领域急需紧缺高层次人才招聘活动岗位征集的通知》《广西壮族自治区事业单位公开招聘人员实施办法》（桂人社发〔2011〕155 号）和《广西壮族自治区人力资源和社会保障厅关于落实"放管服"改革精简事业单位增人手续的通知》（桂人社规〔2018〕27 号）等有关文件精神，结合我校实际工作需要，现将我校 2021 年公开招聘急需紧缺高层次人才有关事项公告如下。

　　一、单位简介

　　广西机电职业技术学院坐落在八桂之南、边海之交、邕江之滨、"中国绿城"广西首府南宁市美丽的相思湖畔。她始建于 1958 年，目前占地 776 亩，是经教育部批准成立的一所公办全日制普通高等职业院校，隶属广西壮族自治区工业和信息化厅，是全国首批、广西首家国家示范性骨干高职院校，全国高职高专院校人才培养工作水平评估优秀学校，国家示范性高职建设重点培育 8 所院校之一，国家创新发展行动计划优质校。

　　学校现有教职工 1231 人，在校生 21802 人，是广西第一所全日制在校生超过万人的高职院校。校舍面积 55 万平方米，固定资产 7.8 亿元，设有 10 个教学部门，59 个专业（含方向）。教学仪器设备总值达 42 亿元，拥有 22 个在同类院校中装备最优、规模最大、功能最全的校内实训中心、158 个实训实验室和 21 个职业技能培训鉴定中心。

　　站在新的历史起点，我们诚邀您的加盟，共同助力广西职教事业，以"苟日新、日日新、又日新"的创新精神和实干兴校的奋斗姿态，同心谱写"引领改革、支撑发展、中国特色、世界水平"的广西机电职业技术学院百年发展新篇章！

　　二、招聘岗位

　　本次公开招聘工作人员 23 名，具体招聘岗位及条件见附件 1。

　　三、报名基本条件

　　（1）具有中华人民共和国国籍，热爱教育事业，遵纪守法、品行端正，政治素质好；

　　（2）具有正常履行职责的身体条件；

　　（3）具有招聘岗位要求的工作能力，专业知识和专业技能；

　　（4）具备招聘岗位规定的学历、学位、专业、年龄和职称要求。

　　四、纪律与监督

　　（1）本次招聘考试应聘人员、招聘单位和招聘工作人员违纪违规的，按照《事业单位公开招聘违纪违规行为处理规定》（人社部令第35号）有关规定从严处理。

（2）严格执行回避制度。公开招聘工作人员凡与报考人员有需要回避的亲属关系的，要实行公务回避。不得参与公开招聘的方案制定、组织实施、会议讨论等工作。报考者不得报考聘用后与本单位人员涉及回避关系的岗位。

（3）本次招聘监督举报电话为：××××-×××××××。

三、组织育人

高等学校党建是不断推进党的建设新伟大工程的重要组成部分，关系着高等学校培养中国特色社会主义事业合格建设者和可靠接班人的重大历史任务。高校党建工作必须坚定不移贯彻落实新时代党的组织路线，切实抓好高校各级党组织建设，全力提升新时代高校"组织育人"质量。

（一）组织育人的基本要求

1. 造好组织之"形"，健全和完善组织体系

习近平总书记强调，党的力量来自组织。加强党对高校的全面领导，必须健全和完善组织体系，全面增强高校基层党组织的生机活力，办好中国特色社会主义大学。一方面，健全组织架构，织密组织"覆盖网"。按照党章规定，建立健全高校各级各类党组织，应形成纵向到底、横向到边的严密组织架构。面对高校学科交叉日益增多、科研合作逐渐紧密、专业结构调整布局、社会服务深度参与等新需求、新特点，应加强优化组织设置，明确各级党组织的主要职责，确保高校党的组织和党的工作全覆盖。另一方面，理顺隶属关系，疏通组织"微通道"。高校基层党组织与其各级党组织之间应该形成上下贯通、传导通畅的"微通道"，形成"不拦、不阻、不断"的组织关系，使得党的决策部署有效传达、高效执行。

2. 铸好组织之"魂"，坚持和强化理论武装

习近平总书记指出，组织是"形"，思想是"魂"。加强党的组织建设，既要"造形"，更要"铸魂"。"铸魂"即用党的科学理论武装全党。新时代高校担当"四个服务"的时代使命，坚守为党育人、为国育才，必须用党的科学理论武装头脑，全面贯彻党的基本理论、基本路线、基本方略，更好引领党和人民的教育事业向前发展。一方面，要深入学习贯彻习近平新时代中国特色社会主义思想。组织的"魂"赋予组织以"形"。各级党组织和广大党员应从党的科学理论中汲取智慧和力量，树立起坚定的理想信念，达到思想上、认识上的高度统一。

只有这样，党的严密组织体系的优势才能充分发挥出来。另一方面，必须把党的创新理论转化为推动高校党组织育人的实践力量。在掌握科学理论的基础上，高校基层党组织应提高对马克思主义理论的运用能力，在育人的实践中遵循教书育人规律、学生成长规律、思想政治工作规律，做到一切从实际出发，具体问题具体分析，力求因事而化、因时而进、因势而新，最终解决实际问题。要充分利用党组织建设的带动作用，把强化思想理论教育、理想信念教育和价值引领融入党组织建设的各领域、各环节，促进高校党组织育人提质增效。

3. 固好组织之"本"，突出和加强政治功能

旗帜鲜明讲政治，坚决执行党的政治路线，才能从根本上推动高校党的建设与高等教育事业发展深度融合，以高质量的党建引领推动高校为党育人、为国育才。首先，在加强党的组织制度建设的基础上，应从严抓好落实。组织制度是确保政治功能发挥的重要保障。加强党的组织制度建设，要求高校基层党组织结合实际，把党的组织法规和党中央提出的要求具体化、日常化，建立健全包括组织设置、组织生活、组织运行、组织管理、组织监督等在内的、与具体实践紧密结合的完整组织制度体系，完善高校党委落实全面从严治党主体责任的制度。同时，还要在严格抓好执行上下功夫，不断提高党的组织建设的制度化、规范化、科学化水平。其次，在保证党内政治生活质量的前提下，创新活动方式。要不断增强党内政治生活的政治性、时代性和原则性，使全体党员在党内政治生活中经常接受政治体检，增强政治意识。此外，还应根据高校党的基层组织力建设所面临的新情况，在大力开展党员教育实践活动中推进改革创新，用新的思路、新的方法解决新的问题。

(二) 学校在组织育人的工作内容

广西机电职业技术学院通过建立组织协同育人模式，明确"组织育人"方向。建立以党组织为核心引导、团学组织为重要依托的协同育人制度；完善党组织建设考核体系，强化"育新人"的组织作用，推动各二级学院党组织承担育人的主体责任。机关、后勤等党组织，贯彻以学生为中心的育人理念，发挥服务育人功能，润物耕心，凝聚力量。共青团、学生会、学生社团等团学组织，创新组织活动方式载体，丰富组织活动内容，充分发挥育人纽带作用。

广西机电职业技术学院加强标准化建设，夯实组织育人基础。深化各类组织改革，提升组织规范化、科学化水平，全面提升人才培养能力。实施基层党组织提质增效，落实团的基层组织强基工程，推进学生自组织培优工程，落实学生会、学生社团改革要求，规范学生会组织机构；修订学生社团年审考核细则，分类培育品牌社团，提升优秀社团影响力。

广西机电职业技术学院认真落实立德树人根本任务，大力推动"三全育人"

综合改革，以"增强党性、提高素质、发挥作用"为核心目标，构建了以"组织+先锋"为主要内容的组织育人质量提升体系，充分体现了基层党组织的战斗堡垒作用，充分发挥党员的先锋模范作用，引领带动全体学生在奋斗中成长成才，取得了显著成效。

1. 实施"组织育人+成才先锋"培养计划

紧密结合"对标争先"示范岗创建指南和学校"订单班"学子培养计划，从政治素质优、学习成绩优、师生评价优等方面明确了"成才先锋"标准，引导学生树立奋斗目标、努力成长成才，注重发挥榜样示范带动作用。

2. 实施"组织育人+纪实先锋"保障计划

落实党员积分管理要求，结合实际制定了学生党员积分管理办法和积分管理登记表，设置基础分并实行加减分制，涵盖了学生党员的理论学习、组织生活、学习实践、文明行为、志愿服务等方面，成为学生党员教育管理的重要载体。通过实施"纪实先锋"保障计划，有效推动了学生党员发挥先锋模范作用，积极带动其他同学共同成长进步。

3. 实施"组织育人+支部先锋"创建计划

修订完善了党支部工作手册和学生党建工作标准，巩固提升党支部"五化"建设成果，深入实施"对标争先"建设计划，推进党建示范创建和质量创优工作，明确创建目标、任务举措和责任，培育打造样板支部，遴选"对标争先"典型。

4. 实施"组织育人+理论先锋"教育计划

注重加强学生党员的思想理论武装，系统构建了经常性学习教育体系，成立了学校"大思政"讲师团，指导各二级学院以学生党员为骨干组建了学生宣讲团，定期开展宣讲活动，切实推动习近平新时代中国特色社会主义思想入脑入心。

（三）交通工程学院组织育人工作

交通工程学院坚持以习近平新时代中国特色社会主义思想为指导，坚持和加强学院党总支对"三全育人"工作的全面领导，通过健全"三全育人"统筹推进常态机制、完善党政联席会议制度、主抓党建带团建、抓好"三全育人"工作考核、积极实施"双带头人"培育工程等形式，积极建立规范，落实责任，共同构建全员全过程全方位育人格局，最大限度凝聚并形成强大的"组织育人"合力。

1. 健全"三全育人"统筹推进常态机制

交通工程学院将"三全育人"纳入学院事业发展规划和人才培养方案。成立学院"三全育人"工作领导小组，定期召开"三全育人"领导小组会议，精心制定具体措施，设定任务完成时间表，形成具体的实施计划，并适时对各项工作任务落实情况进行督查，统筹推进"三全育人"工作进程。

（1）"三全育人"纳入学院事业发展规划和人才培养方案。交通工程学院党总支积极发挥指导、监督功能，制订了《交通工程学院"十四五"事业发展规划》，并初步审议了学院"十四五"各专业人才培养方案，自觉将"三全育人"纳入"十四五"事业发展规划总目标以及"十四五"各专业人才培养方案，在教学源头注入"三全育人"思政元素。

1）加强"学情"研判，"因材施教"调整育人策略。根据中职对口招生比例逐年增大的现状，学院开展了"学情"研判专项工作，分析新时期学生思想品德、行为规范和学习特点，围绕"德技并修"的课程育人目标，适时调整育人策略，针对性完善了融入课程思政的课程体系，探索贴合学情特点的个性化教学模式，真正做到"因材施教"。

2）做好"专业层面课程思政"的顶层设计，实现德育元素精准全覆盖。升级课程思政内涵，将课程思政的"观念上移"，提出了"专业层面的课程思政"，将各专业德育元素进行了系统的顶层设计，使与本专业相关的德育元素合理分配至各门课程，并融入各门课程的课程标准，任课教师严格按照课程标准实施教育教学活动，从而有效实现了本专业所需的德育元素全覆盖，从多维度和连续性上避免了开展单门课程思政时容易出现的"遗漏"与"重复"现象，达到全方位精准思政育人的目标。

3）根据"三全育人"指标体系，结合学情调研、"专业层面课程思政"建设及实施情况，修订完善 2020 级、2021 级、2022 级各专业人才培养方案；继续开展"学情"研判专项工作，围绕"德技并修"的课程育人目标，适时调整育人策略，继续做好"专业层面课程思政"的顶层设计，制定 2022 级各专业人才培养方案，党政联席会议审定后交教务处上报学校党委审核。

（2）推进"三全育人"思路明晰、举措具体、成效明显，包含"时间、地点、人物"三要素的交通工程学院"三全育人""记叙文"谱写思路及举措。

1）框定"全员"（人物）。除了校内相关党政领导、教职员工外，将企业一线指导教师、提供后勤配套服务的全体人员也纳入"全员"范畴。

2）延伸"全过程"（时间）。对于学院，"全过程"为实施人才培养从过去、现在到未来的相对较长、相对稳定的一个连续的"时间轴"；对单个学生，"全过程"为从入校到毕业的学习成长过程；同时，将育人触角前伸及后延。

①学院顺应招生形势的变化，牵头成立广西县级职校汽车专业发展联盟，主动将育人标准植入送生的各中职学校，积极探索"中高渗透"的路径与方法；

②学院又通过"汽车校友之家"信息交流互动平台，对毕业学生进行持续跟踪与再指导、再教育，主动探索"终身教育"的有效实施方法，试图通过培养出更多的优秀校友来影响在校学生，从而达到全程育人的目标。

3）拓展"全方位"（空间或地点）。不仅在育人场所上充分利用物理空间或物理方位实施育人，更在追求育人效果的维度上达到"德""技"并修；通过以新思政观引领改革为抓手，交通工程学院以显著的"三全育人"改革成效，获推自治区党建标杆院系、第二批国家级教育教师教学创新团队、2021年职业教育自治区级教学成果等次评定奖等。

2. 健全完善党政联席会议制度

交通工程学院健全学院党委会议和党政联席会议制度，规范议事决策规则。涉及办学方向、教师队伍建设、师生员工切身利益等重大事项，由党委会研究讨论通过，再提交学院党政联席会议决定。

加强院（系）党组织会议和党政联席会议制度规范，议事决策规则完善。"三重一大"事项全部经党政联席会议研究确定；建立了党总支组织会议议事规则，规范了议事规程；根据学校党委指导意见持续改进、完善"党总支会议议事规则"，使决策更加科学、高效；根据学校党委指导意见和教职工反馈意见持续改进、完善"党政联席会议议事规则"，使决策更加科学、高效、公平、公正。

涉及办学方向、教师队伍建设、师生员工切身利益等重大事项，由党组织先研究再提交党政联席会议决定。专业人才培养方案、教学团队建设、绩效改革分配、职称评定方案、实训室建设方案、重大项目采购方案等重大事项都先经过基层党支部讨论再提交党政联席会议决定。结合"三全育人"指标体系及各项工作变化情况，持续完善专业人才培养方案、教学团队建设、绩效改革分配方案、职称评定方案、实训室建设方案项目推进相关程序、规则，广泛征求师生意见，经党支部会议、党政联席会议讨论确定，力争做到"聚师智、惠师生"。

坚持党建带团建。交通工程学院为进一步做好新形势下共青团和青年工作，坚持以"党建带团建，团建促党建"的工作思路，结合科技创新工作，围绕抓思想、强凝聚、当先锋、优服务、助成长的工作主线，勇于探索"党建+团建"工作新模式，切实凝聚青春力量，推动党团组织建设相互促进，共同发展。

（1）党建带团建工作模式良好、成效显著。建立了学校党委委员指导交通工程学院党总支、学院教工党支部与学工党支部联合指导学院团委的三级联动机制；依托党建带团建，充分发挥学生党支部的服务育人功能，主动将精神铸魂作为"核心点"，通过邀请学院党委领导讲专题党课、开展生动的升国旗爱国主义教育、开展主体团课等方式，进一步引导学生积极向党组织靠拢，厚植爱国主义情怀，努力担当作为。通过品牌培育，助推育人成效，2021年5月，交通工程学院党总支被学校推荐参加"广西党建工作标杆院系"评选。

（2）针对招收中职毕业学生比例不断加大，学习目标不够明确、学习能力相对较弱的特点，由各专业负责人联合团委开展专业学习讲座；教工党支部指导团委开展学生职业技能节活动；为培养学生甘于奉献、精益求精的工匠精神，指导团委建立"学生课余专业技能研究小组"，组织学生参与实训基地设备维护及建设工作。

（3）坚持落实立德树人根本任务，充分发挥"党建+团建"中国特色社会主义教育在"党的全面领导""落实立德树人根本任务""优先发展教育""集中力量办大事""政府主导与社会参与""促进终身教育"等方面的育人优势，积极深化教育教学改革，扎实推进"旺工淡学、二元四阶"的校企合作育人模式改革，建成机电-吉利汽车校外实践育人基地、机电-广汽集团校外实践育人基地、机电-科创汽修"校中厂"实践育人基地。2020年至今受益学生1500多人。坚持把社会主义核心价值观教育融入学生跟岗实习的全过程。以学生为中心，在尊重学生、理解学生、关爱学生中，把强素质、练技能育人要求与春风化雨、润物无声的教育方式结合起来，切实为学生成长成才打基础、谋出路。

3. 交通工程学院组织育人成效

（1）"三全育人"纳入交通工程学院发展规划。

交通工程学院"十四五"子项规划（节选）

一、"十三五"发展回顾

（1）人才培养建设成绩显著。不断适应广西区域经济产业结构调整，汽车车身维修技术专业建成为全国职业院校示范专业点，新能源汽车技术专业2020年开始招生。形成了校中厂"工学交替"人才培养方案，与南宁市科创进口汽车维修有限责任公司共建校内生产性实训基地，与吉利汽车集团签订了"吉利精英班"校企协同育人、创新人才培养模式。

（2）师资队伍建设不断加强。加大了人才引进力度，学院目前有教职工46人，其中正高级职称教师4人，副高职称教师5人，中级职称教师24人，占专任教师总数的52.17%，初级职称及以下教师13人，占专任教师总数的28.2%。

（3）教学改革明显提高。完成了新能源汽车实训基地的建设，以及新能源汽车技术专业的调研及申报，制定新能源汽车技术专业人才培养方案，并于2019年开始招生。开展企业调研与合作，在建成校内汽车新技术服务中心基础上，形成学生参与汽车新技术服务等方面的计划方案，课程思政融入教学中初见成效。

二、指导思想、发展定位和发展目标

（一）指导思想

抓住我校以"广西领先，全国一流，国际水准"为目标的契机，紧跟我校构建"123720"建设思路，即"再造一个新机电：以'双高'建设为抓手；推进机电二次创业：实现在校生规模、校园土地面积、国有资产总值三方面翻一番；围绕'十四五'规划十个具体目标，全面贯彻落实'职教二十条'"，在我校的不断发展中谋求我院的不断进步。

（二）发展定位

将"为党育人，为国育才"的目标有效转化成一项项融入课程思政的教育教学活动。对接国内外汽车新兴产业技术技能人才需求，深化产教融合，打造以"新能源汽车技术"专业为特色多专业齐头并进的高水平专业集群。

提高行政人员各方面能力，加强培育高水平双师队伍，建设"新能源汽车技术"技能人才培养新高地，搭建高水平的技术服务平台。

（三）发展目标

总体目标：在现有的基础上，搭建校企全方位深度合作平台；根据汽车类职业岗位对人才的能力和素质的要求，修订专业发展方向。

（2）"三全育人"纳入人才培养方案、课程标准。交通工程学院将"三全育人"纳入专业人才培养方案和专业核心课程标准。

（3）不断完善会议制度。交通工程学院不断加强党政联席会制度，学院办公会议制度，并落实执行，如图2-32和图2-33所示。

党政联席会决定事项

（2021年第6号）

2021年6月18日下午，交通工程学院召开了2021年第6次党政联席会，会议决定事项如下：

一、二训楼施工项目进度情况的通报。

二、讨论新入职人员岗位安排。

三、讨论成立县级职校汽车专业发展联盟事宜。

四、讨论人才培养方案制定及修订，将课程思政融入课程标准中。

图2-32　党政联席会议执行情况

系主任办公会决定事项

（2020 年第 4 号）

2020 年 3 月 26 日下午，汽车工程系召开了 2020 年第 4 次主任办公会，会议决定事项如下：

一、传达学院招生宣传工作动员会议精神。

二、学习《关于加强和改进新形势下高校思想政治工作的意见》，要把立德树人作为根本任务，融入思想道德教育、文化知识教育、社会实践教育各环节，把思想政治工作贯穿教育教学全过程，把思想价值引领贯穿教育教学全过程和各环节，形成教书育人、科研育人、实践育人、管理育人、服务育人、文化育人、组织育人长效机制。

三、讨论参加 2020 年广西职业院校技能大赛事宜。

2020 年 3 月 26 日

图 2-33　学院办公会议制度执行情况

四、服务育人

服务育人，是高校提升和改进思想政治工作的重要探索，在探索实践中不断发展，并取得了卓越的成效。教育部发布《高校思想政治工作质量提升工程实施纲要》，聚焦短板弱项，着眼创新创造，坚持把破解高校思想政治工作不平衡不充分问题作为目标指向，着力构建一体化育人体系。服务育人作为新时代"十大育人"体系中的重要部分，与其他内容共同肩负着"打通最后一公里"的关键任务。学界对于"服务育人"的研究主要以后勤服务育人为主，将高校后勤工作视为服务育人主阵地，这不利于高校一体化育人体系全面建设。全面探究服务育人的深刻内涵，有助于丰富和发展高校服务育人的实践路径，提升高校育人质量，促进人的自由全面发展。

建立完善立德树人、以人为本的服务育人体系，研究梳理学校各类服务岗位所承载的育人功能，明确育人职能，细化岗位分类，制定出相应的岗位职责与工作任务，严格岗位考核，把服务质量和育人效果作为评价服务岗位效能的依据和标准。转变职工思想观念，扩展服务范围，提高职工服务技能与服务水平，以适应新时代新形势对服务育人工作提出的新要求。

（一）学校"服务育人"总体工作

广西机电职业技术学院紧扣立德树人根本任务，坚持围绕师生、关照师生、服务师生，以深入推进"三全育人"综合改革为契机，把解放思想问题和解决实际问题相结合，不断强化服务育人意识、丰富服务育人路径、提升服务育人质量，构建完善服务育人体系，努力在关心人、帮助人、服务人中实现对学生的教育引导，增强服务育人实效。

1. 加强统筹设计，强化育人要求

贯彻落实全员、全过程、全方位的育人理念，研究梳理各类服务岗位所承载的育人功能，制定《服务育人体系建设方案》，细化职责要求。完善考核体系，在《员工考核办法》中强化服务育人的工作绩效考核要求，把服务质量和育人效果作为评价服务岗位效能的主要依据和标准，同时将"服务育人"指标纳入二级部门党务工作考核、年度工作测评、年度服务质量考核。加强能力建设，举办管理人员服务意识、服务能力建设线上线下专题培训，积极营造全员参与、自觉育人的"大格局"。拓宽服务育人途径，重点依托经济与马克思主义学院"服务育人"特色基地和一批"服务育人示范岗"等平台，深入推进育人活动组织实施，确保服务育人活动取得实效。加强宣传引领，开展服务满意度调研，开展服务标兵、岗位能手评比，编发先进事迹材料，通过示范引领，在校园营造浓厚的服务育人氛围。

2. 优化服务内容，提升服务质量

坚持"服务第一、师生为本"的原则，改善师生的学习和生活条件。优化后勤管理流程，建设和上线在线报修服务平台、水电服务平台、宿舍管理服务平台以及宿舍用电、外卖服务、医疗服务等应用系统，着力提升后勤服务的标准和水平。持续优化图书馆文献资源体系，拓展学科知识服务，建设智慧校园，打造"智慧校园"平台，为师生的科研学习提供坚强支持。结合卫生宣传日普及各类常见疾病的防治知识，引导师生员工建立文明的生活方式和良好的卫生习惯。

3. 创新服务载体，增强育人实效

注重联系实际、主动探索，不断创新服务育人的途径与载体，打造服务育人精品活动，植入思想引领和价值引领元素，提升学生的素质能力和意志品质。组织各二级学院开展"洁净校园"示范区、路建设，引导学生在参与校园环境建设的同时，培养劳动精神、增强劳动能力。开展"网格化"计划共建活动，招募学生参与志愿服务，关爱需要帮助的教职工子女，增强学生奉献精神和社会责任感。设立学生食堂助理岗，在开展困难学生资助的同时，让学生直接参与食堂管理，锻炼管理协调和独立处理实际问题的能力。建设"服务育人示范岗"，改善宿舍软硬件条件，培养学生热爱劳动、文明礼貌、和谐相处的良好习惯。开展学生外出实习安全守护活动和师生野外安全培训，切实增强师生的安全意识和防护能力。

（二）交通工程学院"服务育人"工作内容

交通工程学院认识到教学和服务是办好学校的两架并驾齐驱的马车，只有真正意识到学校的目标是为学生和家长服务的，老师才能想方设法以优质的教学服务满足家长的需求，并超越需求。交通工程学院不断完善服务育人的体系建设。把各个服务岗位、各服务环节都纳入服务育人体系当中，明确其职责和服务要求，并建立相应的量化考核标准，形成各有关部门各司其职又齐抓共管的工作机制。并通过学校文化、教育教学、管理制度帮助老师创设、建立服务意识。

1. 将服务意识融入学校文化中

人的行为，始于内在动机。要做好"服务育人"，提高学校的服务质量，首先必须让每位老师树立服务意识。任课老师为学生提供教学服务，教务老师为学生提供辅导服务，职业规划师、心理咨询师为学生提供咨询服务，将"服务育人"的理念融入学校文化，在新员工入职培训中进行宣导，在平时的例会中进行宣传，为了深入老师心中，也可以将"服务育人"文化上墙，通过海报、宣传语等方式呈现在学院内，时刻提醒老师。

2. 将服务意识纳入常规教育教学中

教育服务和一般的商业服务不同，对从业者的专业度要求很高。教育教学应该树立以人为本的人才发展观，定期进行专业培训，从学科知识、教学技能、学生心理、教育心理等方面全面提升教师素质。很多"95后"年轻老师，比较有个性，经历的社会历练比较少，通过专业的培训有助于快速改变他们高高在上、冷漠孤僻的态度。学校可以适当地引入"服务意识"的培训机制，通过理念宣导、知识讲授、案例分析、角色扮演等方式，强化老师的服务意识，用细致、热忱、专业的五星服务，让学生对学校产生深刻的连接。

3. 将服务意识融入学校管理制度中

学院每一位老师都践行"服务育人"的理念，用制度鼓励和约束老师的服务行为，倡导积极服务，评比"服务标兵"；规范服务行为，将服务意识纳入教师的绩效考评中，并重点考核，可以通过家长和学生反馈来实现。通过每学期（或是特殊情况时）家长的反馈，满意度问卷，访谈进行量化考评，严格执行并与工资直接挂钩；学生是教学产品的直接使用者，教学是否满意，学生有绝对的发言权。学院定期收集学生对老师课程质量的满意度问卷，由教学秘书统一收集并分析数据后反馈给老师，帮助他们强化服务意识，以获得更好的成长。

（三）交通工程学院"服务育人"工作成效

交通工程学院将服务意识入眼、入脑、入心，强调"服务育人"，颠覆传统的"师道尊严"观念，用教学服务践行"一切为了学生，为了一切学生"，用服务和家长形成教育同盟，从而使学校的价值最大化地得以体现。同时，也取得了一定的"服务育人"成效。

1. 建立了"服务育人"协同机制

汽车工程系志愿服务队管理办法

一、总则

为了合理分配学校学院资助资源，规范奖学金、助学金评选的管理工作，帮助家庭经济困难学生顺利完成学业，鼓励学生积极参加社会公益活动、义务劳动、志愿者服务等活动，培养学生"受助回报、获奖思进、传递爱心、服务社会、健康成才"的良好品德，促进学生的全面发展，特制订本办法。

二、对象

本办法适用于汽车工程系所有获得经济困难资助的在校生。获国家励志奖学金、国家助学金、带有资助性质的奖助学金、临时困难补助、学费减免等的同学必须参加志愿服务活动，其余同学可自由参加志愿服务活动作为下一学年困难认定、入党、评优评奖等参考依据。

三、分组管理

（一）汽车工程系志愿服务队的服务活动均由汽车系团委管理部下发，志愿服务队成员需听从系团委管理部的统一安排。

（二）以班级为单位划分小分队，队名以班级命名。

（三）每个小分队选举一名同学作为队长，负责登记和管理队员的积分。

四、积分管理

（一）根据《广西机电职业技术学院奖学金管理暂行办法》《广西机电职业技术学院励志奖学金管理暂行办法》和《广西机电职业技术学院助学金管理暂行办法》规定，获国家奖学金、励志奖学金、助学金等补助的学生每学年应完成学院安排的义工。当年受到资助的同学应积极参加各种志愿服务活动，其学年公益积分必须达到 15 分，其余同学积极参加志愿服务活动，在困难认定、入党、评优评奖过程中将优先考虑，德育考评可酌情加分，并作为下一年评定困难认定等的重要参考依据。

（二）系部每学期将公益分统计并公示，评选"志愿者标兵"若干名，并给予表彰和奖励。

（三）若查处存在徇私作假现象，取消相关责任人一切评奖评优资格。情节严重者，给予警告或严重警告处分。

五、积分计算方式

（一）任务难度分为困难、中等、简单，相对应的基础公益积分为8分、6分、4分。

1. 困难：工作时间达60min以上，或工作强度大且工作人员较少、占用较多用餐或休息时间；

2. 中等：工作时间在30~60min，工作强度一般且工作人员较多或占用较少用餐或休息时间；

3. 简单：工作时间30min以下，工作强度小、工作人员较多。

（二）根据学生的工作积极性和完成劳动或活动的质量对基础分进行调整。

1. 按时参加活动，不迟到早退，并且听从指挥，积极主动，工作态度好，高质量完成活动内容，可得到所有的基础积分；

2. 有迟到早退现象，基本上完成活动内容，可得到基础分的70%；

3. 缺席或没有完成活动内容，将无法获得公益积分。

2. 制订了《交通工程学院志愿服务表彰暂行办法》

交通工程学院志愿服务表彰暂行办法

为了帮助家庭经济困难学生顺利完成学业，鼓励学生积极参加社会公益活动、义务劳动、志愿者服务等活动，培养学生"受助回报、获奖思进、传递爱心、服务社会、健康成才"的良好品德，促进学生的全面发展，通过表彰，树立志愿者的良好形象，形成志愿者服务光荣的社会荣誉感，进一步激发青年志愿者的服务热情，倡导健康文明的校园新风，特制订本办法。

第一条 评选原则

（1）体现先进性、代表性和时代性；

（2）公平、公正、公开；

（3）坚持标准、从严掌握；

（4）以精神奖励为主。

第二条 表彰项目

（1）志愿者服务活动先进团队；

（2）志愿者先进个人；

（3）志愿者特别贡献奖。

第三条 评选条件

在服务岗位上扎实工作、勤奋学习、自觉奉献，圆满完成服务工作，表现出了强烈的社会责任感和良好的精神风貌。

（一）志愿者服务活动先进团队

（1）团队组织健全、管理规范、组织活动迅速、有效，积极性高；

（2）参加青年志愿者服务工作一年以上，在学生中产生了较好的社会影响；

（3）团队人数在5人以上。

（二）志愿者先进个人

（1）热心志愿者工作，积极参加志愿者活动，完成志愿服务60h以上；

（2）具有一定特长和较强的责任心，长期服务无怨无悔，工作踏实、表现突出、有良好的社会影响；

（3）学习成绩优良、无违纪违规现象。

（三）志愿者特别贡献奖

在青年志愿者行列中，对社会做出重大贡献，有较大的社会影响，给予相关奖励。

第三章 探索实践："四有"明方向、"三全"育人才

广西机电职业技术学院交通工程学院（以下简称"学院"）作为广西高校第一批"三全育人"综合改革示范院系，近年来，坚持把"为党育人、为国育才"的目标有效转化成人才培养全过程中一项项融入课程思政的教育教学活动，创造性地提出了"四有"管理理念为"三全育人"保驾护航，原创了"四教同心圆"辅助诊改法为育人改革把脉开方，全院上下齐心合力，齐奏出全域式"三全育人"动人乐章。

学院是首批教育部汽车维修领域国家技能型人才培养基地，汽车车身维修技术专业群是自治区"双高"建设中的高水平专业群，在校生近 2500 人。专兼职教师 98 人，高级职称教师 33 人，双师型教师 78 人，拥有广西职业院校汽车类专业中唯一一名国家级教学名师、二级教授。

2019 年，学院在荣获广西"双高计划"高水平专业群后，决定将"三全育人"工作与高水平专业群建设合二为一形成合力。成功将过于抽象、偏于概念、缺少抓手的"三全育人"连同专业建设一并有效转化成一项项、一次次的日常教育教学活动，使"三全育人"工作有载体、可测评，事半功倍出奇效。成果依托广西职业教育重大招标课题"职业院校专业建设特色化研究"和自治区"双高"建设等多个项目实施教育教学改革研究，在初期开展特色化专业建设过程中，学院结合区内汽车类专业发展现状，对学校办学优势特色进行反复论证探究出要实现学院汽车类专业群高效发展，提升区内影响力必须走"错位经营、特色发展"之路，即充分利用学校深厚的"机""电"办学底蕴，将汽车类专业群办学定位调整至汽车制造"前市场"（与区内众多职业院校汽车专业定位于汽车维修"后市场"错位），组建了面向汽车制造"前市场"的汽车类专业群。

自 2017 年中共中央、国务院《关于加强和改进新形势下高校思想政治工作的意见》提出"三全育人"的育人目标以来，学院开始探索如何将"三全育人"与专业建设融为一体，在不断实践过程中取得了系列育人成效，并于 2019 年荣获广西"双高计划"高水平专业群，至此，如何将"三全育人"与高水平专业群建设合二为一（合并）形成合力成为学院工作重点，分析两者的内涵和外延，这两项工作关联性强、不可分割，必须有机融合做成"一张皮"，经充分论证，要做好高水平专业群建设，关键是以"三全育人"为落脚点，因此，学院巧妙

地重新标定了相对概念性的"全员、全过程、全方位"，丰富了"三全"内涵，提出了"有温度的教育管理、有内涵的教学改革、有创新的校企合作、有保障的条件改善"的"四有"育人建设目标，并结合学校办学优势特色，围绕"四有"目标，经深化、凝练形成了"党建为纲、特色为根、教育为本、实践为基"的"四为"育人举措，创新性构建了"四有·四为""三全育人"模式，使相对抽象、偏于概念、缺少抓手的"三全育人"连同"高水平专业建设"一并有效转化成一项项、一次次的日常教育教学活动，使"三全育人"工作有载体、可测评，有效解决了"三全育人"与"高水平专业群建设"两张皮问题，使其同向同行、形成合力，事半功倍出奇效，提升了专业群的综合竞争力，取得了较大突破。"四有·四为""三全育人"模式的探索实践图如图3-1所示。

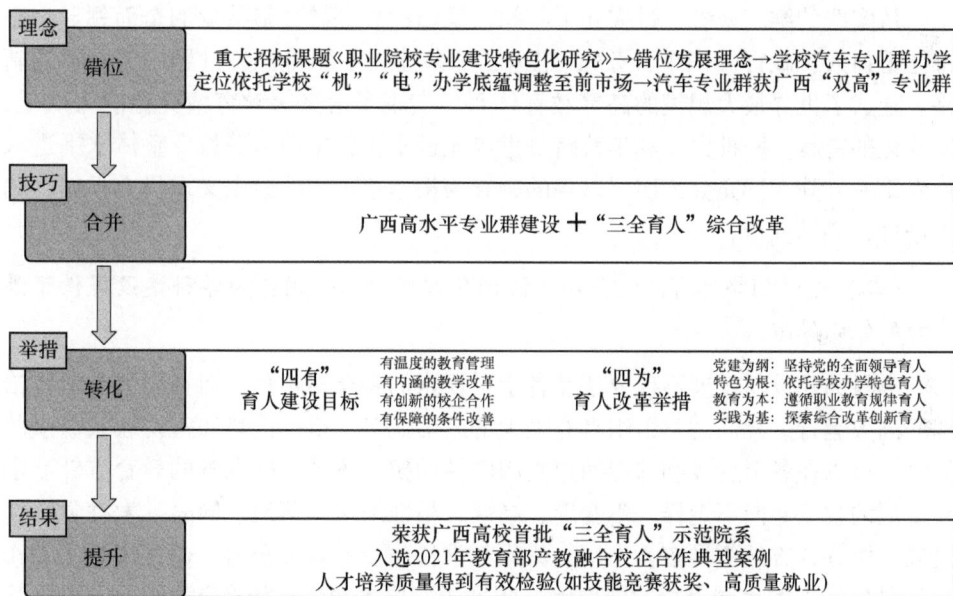

图3-1 "四有·四为""三全育人"模式的探索实践图

第一节 党建引领：坚持党的全面领导育人

党的十八大以来，以习近平同志为核心的党中央高度重视高校党的建设工作。习近平总书记在全国高校思想政治工作会议上强调，我们的高校是党领导下的高校，是中国特色社会主义高校。近年来，随着全面从严治党不断走深走实，党的领导在高校发展和学科建设中的作用持续强化，党建引领学科建设的内涵不断拓展。

一、党建引领学科发展的"两大保障"

（一）党的领导是中国特色大学治理体系的最根本特色，为学科建设提供了坚实的政治保障

从历史的维度看，现代大学从诞生到发展的过程中，出现了多种形态的大学治理体系。不同的治理模式均植根于本国的历史、社会、文化和时代背景，具有独特的制度特征、组织特征、管理特征和文化特征。我国的大学治理经过了长期的探索，最终形成了以"党委领导下的校长负责制"为核心的中国特色现代大学制度体系，党的领导已成为中国特色大学治理体系的根本特色和最大的制度优势。

从实践的维度来看，过去几十年间，我国的高等教育坚持党的全面领导，坚持立德树人，践行"四个服务"，走出了一条建设中国特色、世界一流大学的新路。建成了世界最大规模的高等教育体系，实现了由高等教育精英化向大众化、普及化的跨越。一批大学和学科跻身世界先进水平，中国高等教育整体水平进入世界第一方阵。这充分证明了以党的领导为根本特色的社会主义现代大学制度的先进性、科学性。

（二）党的领导具有总揽全局、协调各方的核心作用，为学科建设提供了最有力的组织保障

学科的建设与发展不仅要依靠各学科要素的聚合与转化，而且要依靠学科治理的高效运行。我们的党组织具有强大的政治优势、组织优势和密切联系群众的优势，可以在各个层级和部门间建立起刚性的执行体系，确保党的教育方针、学科发展的政策导向不走样、不变形，高效、精准地落实落地。同时，发挥党总揽全局、协调各方的领导核心作用，聚集起学科建设的强大合力。通过将党建工作与学科建设工作"同谋划、同部署、同推进、同考核"，为学校学科建设提供强大的组织力和驱动力。

从当前的发展形势来看，党建工作和业务工作交互融合、互促共建已成为新时代高等教育事业高质量发展的重要路径和基本策略。把支部建在学科上，已经成为普遍共识。党建既要为学科建设提供方向性指引，更要通过恰当途径将党的影响力融进学科发展的具体过程中，充分发挥党组织政治核心作用、党支部战斗堡垒作用和党员先锋模范作用，解决学科建设中的难点痛点问题，保证学科建设关键目标的高效实现。

二、党建引领学科发展的"三大关口"

高校如何做好学科建设和学科治理，2022 年 1 月颁布的《关于深入推进世界一流大学和一流学科建设的若干意见》给出了明确的指引。文件提出"要把党的领导贯穿建设全过程和各方面"，把好人才培养、学科定位和发展质量"三大关口"。

（一）要把好"人才培养政治关"，落实立德树人根本任务

立德树人是高校的根本使命，人才培养是学科建设的立足点。要坚持用习近平新时代中国特色社会主义思想铸魂育人，把立德树人成效作为检验学校一切工作的根本标准。

（1）要落实习近平新时代中国特色社会主义思想"三进"工作，充分挖掘学科所蕴含的价值观、思想塑造等育人元素，打牢人才培养的"中国底色"。要坚持马克思主义在我国哲学社会科学领域的指导地位，做好中国特色社会主义理论的阐释和研究。同时，完善"三全育人"体制机制，坚持"五育并举"，提升协同育人成效。

（2）要创新人才培养机制，全面推进"四新"建设，构建多学科融通的课程体系，积极开展跨校、跨境和产学研联合培养，培养大量契合社会需求的"新型人才"，推动高校人才培养能力的迭代升级。

（二）要把好"学科定位关"，服务国家战略需求

服务国家是高校发展的最高追求，学科定位是提升学科服务能力的出发点。在进行学科定位过程中，符合国家重大需求是初心、是使命、更是责任。

（1）要立足"两个大局"，以服务国家战略需求为导向优化学科布局。学科专业设置的特色是一所高校的最根本特色。在高等教育整个体系中，各高校应该立足本校实际，以新版学科目录和国家定期公布的"急需学科专业重点领域学科专业清单"为依据，推动学科结构的布局调整。同时，推动跨学科融合，提高育人效益，培育新的学科增长点。

（2）面向区域经济发展，推动专业体系的转型升级。增设国家急需的战略新兴专业；适应区域产业发展需求，探索开设与大数据、人工智能等相关的新兴专业。在科研和社会服务上，坚持"四个面向"，将论文写在中国大地上，构建中国自主的知识体系，努力攻破"卡脖子"关键核心技术，提升学科服务支撑国家和社会重大需求的能力。通过党建工作和学科建设相结合，充分发挥学科组织的自主性、自治性和创造力，把这些具体导向融入学科制度体系和制度执行力建设中，内化为全体师生的行动自觉。

（三）要把好"发展质量关"，锚定中国特色世界一流建设目标

"世界一流"是新时代赋予高校的历史使命，高质量发展是学科建设的生命

线。"高质量发展"最初源于对经济发展阶段的描述,随着内涵的不断拓展,现在的"高质量发展"已成为我国国家和社会发展的战略选择。十九届五中全会审议通过的《中共中央关于制定国民经济和社会发展第十四个五年规划和二〇三五年远景目标的建议》第一次明确提出"建设高质量教育体系"。如今,高质量发展已成为高校学科建设的核心关键词和普遍共识。在建设中要做到以下几点。

(1) 要从"两个大局"的高度,深刻理解推进中国高等教育高质量发展的重大历史意义,继续锚定世界一流目标,求索国际学术前沿问题,持续提升中国高等教育整体实力,增强中国参与全球教育治理的能力与水平。

(2) 要推动"党建+学科建设"工作再深入,将高质量发展的取向融汇到学校建设各领域,将"质量标准"落实到每一项工作中。要始终不渝打造一流师资、培育一流人才、产出一流成果、铸就一流服务品牌,探索出一条具有中国特色的高等教育高质量发展道路,为"中国走向世界"提供知识、技术和人才储备。

三、学校坚持党的全面领导育人核心工作目标

学校必须对学生进行有效管理,培育学生健康品格,使学生快乐学习、健康成长,最大限度地体现管理育人、服务育人和环境育人的教育理念。学校从以下几个方面开展相关工作。

(一) 强化服务意识,转变育人观念

(1) 树立管理就是服务的理念,引领教师强化服务意识,发扬奉献精神。通过开展各种师德建设活动,增强广大教师的服务意识,秉承"学为人师,行为世范"的育人精神。

(2) 实现教师行为和角色的转变,实现从小班级到大班级的适应性转变;实现由过去教书育人的单纯职责到目前教书、管理、服务全方位、全天候育人的职业责任的转变。这些变化大大丰富了教师"育人"的内涵,服务中实现管理,管理中融入关怀,让学生在自理中学会生活,生活中锻炼自理。

(二) 强化食宿管理,培养自理能力

(1) 健全管理制度,确定自理目标。结合实际,制定完善了一系列管理、考核、评比制度,明确了管理教师的工作职责和住宿学生的自我约束目标。同时,强化饮食安全管理,学校为各班配置了紫外线消毒柜,每天对学生餐具进行杀菌消毒,定期对从业人员进行食品安全培训,并建立了切合实际的食堂管理制度,并设置了食堂管理从业人员监督岗、学生饭价公示栏等。生活指导教师定期对学生食堂、宿舍进行消毒、通风,确保了学生饮食安全,保障了学校食宿管理

工作的顺利进行。

（2）注重习惯养成，培养自理能力。强化训练，养成习惯，学生良好行为习惯的培养，是学校食宿管理的主要任务。学校规定每学期开学第一周为"常规训练周"，第一月为"强化培训月"，从铺床、叠被、洗漱用具摆放、卫生打扫等生活细节方面提出了明确、具体的要求。规定学生做到"五按时"和"内务整理三个一"。

（三）强化全员参与，落实管理责任

（1）充分发挥辅导员的作用。学校要求辅导员从学生入校注册时，及时掌握学生的父母、家庭条件、联系方式、生活状况等各方面的基本情况，了解思想动态。其次充分发挥学生会宿舍管理科作用。宿管科是全体住校学生的组织，发挥好宿管干部作用是做好学生宿舍人性化管理的基础，是搞好学生宿舍管理不可缺少的力量。

（2）充分发挥活动育人的作用。丰富多彩的在校生活是提升住校生学习、生活质量，解决学生在校期间生活开心的问题，是做好宿管工作的关键。

党建带团建工作是党在新时期进一步加强和改善党对青年工作领导的时代需求。在加强党的建设的同时加强团的建设，不断增强团组织的吸引力、凝聚力和战斗力，对于共青团更好地当好党的助手和后备军，具有重要的现实意义和深远的历史意义。

（四）狠抓学校的党建带团建工作

党建带团建工作是发挥学校团队组织生力军作用的根本保证，是确保学校团建工作政治方向的重要举措，也是新时期学校思想政治工作规范化、科学化的必然要求。近一年来，广西机电职业技术学院党支部不断创新工作机制，延伸工作手臂，大胆探索新时期学校党建带团建工作的崭新思路。学校党建带团建需要坚持的基本原则有以下几点。

（1）推进团建，服务青少年。党建带团建主要目的是推进团组织的建设，使团组织在学校党组织的正确领导和指引下，更好地贯彻党的基本路线和教育方针，更好地为学校改革、发展和稳定的大局服务，更好地为广大团员和青少年服务。尤其要根据青年教师的特点和需求，为他们创设有益于成长的环境，搭建展示风采的平台和追求进步的阶梯，激发其充沛的干劲和才华，使之凝聚成加快机电教育发展的强大动力。

（2）引导为主，保障为辅。党建带团建重在引导。党组织要注重从思想建设、组织建设、队伍建设、载体建设等各方面给予团组织悉心指导，要使团员始终沿着党指引的方向前进，使团工作始终围绕学校的中心工作来开展，使团组织

更好地协助党组织做好青少年工作，努力使之制度化、规范化。同时，党组织要为团工作提供保障，给予人员、时间、场所、经费等有力的支持，保证团建工作持续有效地开展。

（3）相互促进，共同提高，党建带团建，要实现双赢。一方面，要凭借党的政治、组织、资源、经验等方面的优势，引导带动团组织开展工作、发挥作用；另一方面，要通过加强团组织的建设，使团建更好地服务于党建，密切党与青少年的联系，夯实党执政的群众基础，促进党建工作整体水平的提高。

（4）创新开拓，务求实效。党建带团建，既是党章的要求和党的光荣传统，也是党建工作常抓常新的课题。党的建设、团的建设需要发扬开拓创新、不懈进取的精神，不断研究新情况、总结新经验、解决新问题，积极探索新形势下加强和改进党、团建设的有效途径和具体措施，扎实推进各项工作。

四、交通工程学院坚持党的全面领导育人工作内容

交通工程学院坚持以习近平新时代中国特色社会主义思想为指导，坚持和加强学院党总支对"三全育人"工作的全面领导，主动发挥出中国特色社会主义制度中的"党的全面领导""落实立德树人根本任务""优先发展教育""集中力量办大事""政府主导与社会参与""促进终身教育"等教育优势，通过构建名师引领的"三全育人"组织架构、创新"四有"管理服务育人理念、积极落实教师党支部书记"双带头人"培育工程、主抓党建带团建、抓好"三全育人"工作考核等形式，积极建立规范、落实责任，共同构建全员、全过程、全方位育人格局，最大限度凝聚并形成强大的育人组织合力。具体举措如下。

（一）构建名师引领的"三全育人"组织架构

教学名师工作室是具有一定影响力的有着共同研究方向和合作愿景的教师合作共同体，是学校骨干教师培训、教科研基地和产学研用的结合体。以名师工作室为成长平台，以课堂教学为主阵地，以课题研究为抓手，坚持自主学习与名师的示范、指导和辐射作用相结合的原则开展教育教学研究活动。立足课堂教学研究，通过学理论、教学观摩、研讨撰写教育随笔等方式，促进全体成员的快速成长，培养小学数学学科骨干教师，构建教师专业发展的平台，促进学校数学教师素质的全面提升，实现专业教学高标准、高质量均衡发展的目标。

（1）教学名师工作室的主要职责大体可以归纳为以下几个方面。

1）培养、培训青年教师。工作室将努力研究与探讨青年教师成长规律和诉求，带领青年优秀教师积极参加教育科研，不断充实和提高青年优秀教师的教育理论水平和教育科研水平，造就具有学科研究特色的骨干教师队伍。

2）课题研究。工作室以主持人的研究专长为基础，以工作室成员的智慧为依托，围绕开放大学人才培养模式开展研究，探索临场感理论等在线教育教学理论与实践，探索基于机电云平台的公开课程建设改革，实现网上教学有效组织，实现微课等新型课程资源在开放教育教学中的运用。

3）示范辐射。及时将科研成果推广到各二级学院，并指导相关的教学和管理，通过教学观摩、教学研讨会、报告会、名师论坛、现场指导等形式，有目的、有计划、有步骤地传播现代远程教育理念和教学方法，充分发挥名师的带头、示范、辐射作用，从而形成名优群体效应，实现先进教学理念创新和优质教育资源的共享。

（2）教学名师工作室的任务目标基本概况如下。

1）带一支团队。有效推动培养对象的专业成长，力求在一个工作周期内使工作室成员在课堂教学上出精品，课题研究上出成果，管理岗位上出经验，以引领学科教学的发展。

2）成一个项目。在实践中总结教育教学经验，瞄准教学改革前沿，立足校本发展，确定并申报一项市级以上的科研课题或高校教改项目，并以此为研究方向，开展有效的科研活动，在实践探索中破解学科教学难题。

3）出一批成果。名师工作室以一批教学科研成果或社会服务效益来形成自己的特色。以教学设计、课件、论文、课题研究报告、学术专著、精品课程、校本教材、服务经济建设的效果、良好的社会影响力等成果形式，成为学科教学资源生成站。

4）做一次展示。引领学科建设，成为教科研成果辐射源。每学期承担一次专题活动，以研讨会、名师论坛、公开教学、现场指导等形式，发挥名师的带头、示范、辐射作用，形成名优群体效应。

（3）2020年，学院成立了彭朝晖国家教学名师工作室，同时引进了一批高层次人才，构建了由名师引领的"三全育人"总体架构，育人队伍也成功地实现了由"换血"到"造血"的蜕变，为保障党领导下的"三全育人"科学实施组建了"智囊团"。主要工作内容如下。

1）加强师德师风建设，树立名师形象，维护团队声誉，落实立德树人根本任务，主动承担教育教学工作，带头落实教授为本科生授课制度，推动科研与教学融合。

2）指导培养3名以上青年骨干教师，促进教师专业发展，加强课程教材教学资源开发，建设1门省级以上精品在线开放课程或主编出版1部教材或其他教学资源；组织开展教学研讨和经验交流，主持1项省级以上教学改革研究与实践项目，培育国家级优秀教学成果奖。

3）根据需要承担全省高校新入职教师培训任务，每年开展3次以上校内外教学示范公开课或专题讲座，接受委托承担教学有关工程项目评审任务，参与本科专业认证和专业评估工作；为教育教学有关政策文件制定和科学决策提供专家咨询，承担省教育厅委托的其他任务。

（二）创新"四有"管理服务育人理念

有位教育家曾经说过："校园应当安排得美观，成为一个快意的场所和对学生富有吸引力的地方。"现代教育心理学理论同时认为，在人的性格的形成过程中，环境因素影响很大。学院学员主要活动范围是院内，校园的环境质量与学员的成长进步息息相关，并持久地产生直接影响。校园的建设从实用到艺术，从绿化、美化、净化、知识化到学府化，可以行"无言之教"，对学员具有强烈的暗示性、渗透性和潜移默化的作用。因此，学校十分注重校园环境的绿化、美化、香化，努力构建积极、向上、文明、和谐的人文环境，以此来影响人、熏陶人、感染人、教育人。学校先后投资上千万元实现校园"四化四有"，即道路硬化、空坪绿化、环境美化、校园净化，春有花、夏有荫、秋有果、冬有青。力求融校园、家园、花园、乐园为一园，集社会美、艺术美、自然美、科学美于一身。努力营造"一草一木都能说话，一砖一瓦皆可育人"的充满艺术氛围和人文精神的校园环境。不仅有助于教师学生调节情绪，振奋精神，而且有助于培养、陶冶教师学生高尚的情操。

交通工程学院在此基础上提出了"有温度的教育管理、有内涵的教学改革、有创新的校企合作、有保障的条件改善"的"四有"管理服务育人工作目标，为推进党领导下的"三全育人"有效落地提供了"着陆器"。交通工程学院立足新学情，引导和带动全体教师积极投身"三全育人"工作实践，以"有温度的教育管理、有内涵的教学改革、有创新的校企合作、有保障的条件改善"的"四有"管理服务育人为工作目标，坚持以德施教，加强党建团建、班风学风建设，组织学生广泛开展社会实践和志愿服务，引导学生明大德、守公德、严私德，进一步坚定理想信念。

（1）有温度的教育管理。交通工程学院根据生源结构复杂多样性的新特点——学生的知识结构、能力素质、学习意愿和个性发展诉求差异，因此，需不断优化教育教学管理方法，不断创新人才培养模式，努力提高人才培养质量。积极主动顺应学情变化，扎实做好"网络育人""心理育人""资助育人"等相关工作，切实把解决学生思想问题同解决实际问题结合起来，在关心学生、帮助学生的过程中教育学生、引导学生，健全学生人格。

（2）有内涵的教学改革。交通工程学院强化课程、专业、学科"三位一体"思政教学体系。对内构建统一的学科、课程、实践及服务共享平台，依托平台整合不同学科、专业以及课程资源，强化理论研究，将课内的知识教育、技能传授与课外实践的知识内化、技能强化、价值引领等功能深度融合，促进不同课程与思政课程之间的内容相互渗透，实现思政课程显性教育与课程思政隐性教育的有机结合，将学科、专业以及思想政治教育融为一体，不断升华思想政治教育课的内容体系和学科水平，增强思想政治教育的协同效应，实现思想和价值的引领。

（3）有创新的校企合作。交通工程学院以服务为宗旨，以就业为导向，大力推进校企合作人才培养模式，突出实践能力的培养，加强为经济社会发展服务的能力，深化校企合作融合度，更新教学理念，依托企业行业优势，充分利用教学资源，建立校企深度合作、紧密结合，优势互补、共同发展的合作机制，达到"双赢"的目的，提升学院教育教学水平和人才培养质量，努力开创校企合作的新局面。探索出了一条"实践育人"的新路径。

（4）有保障的条件改善。交通工程学院成立"三全育人"教育学习小组，加强教师队伍的"三全育人"教育意识，小组之间互相协作、互相监督。除此之外，学习小组深入课堂，把握学生思想动态，有的放矢地开展"三全育人"教育工作。为真实反映"三全育人"的工作效果，每周进行学生反馈汇总，最终结果纳入工作考核，根据考核成绩及时提醒教职工调整"三全育人"教育工作。通过不断地实践总结，固化了在"文化育人，管理育人、组织育人、服务育人"方面的"三全育人"保障机制。

（三）抓好党建带好团建工作

交通工程学院围绕学校育人根本目标，突出思想引领和成长服务，巩固学校共青团工作的基础性战略地位。通过加强学校"党建带团建"工作力争使学校团组织达到"四个好"，即班子建设好、主题活动好、支部建设好、阵地建设好；使学校团组织做到"五个有"，即有一个思想政治素质好、工作能力强、深受青少年信赖的团组织书记，有一支充满活力、发挥模范带头作用的团员队伍，有围绕党的中心工作开展适合青少年特点且丰富多彩的特色活动，有一套行之有效、健全规范的团组织工作制度，有能够保证团组织工作正常开展的必要经费和活动阵地。

交通工程学院在党建带团建方面，充分发挥学生党支部的服务育人功能，主动将精神铸魂作为核心点，通过邀请学校党委领导讲专题党课、开展生动的升国旗爱国主义教育、开展社会主义核心价值观主体团课等方式，进一步引导学生积极向党组织靠拢，自觉把爱国情、强国志、报国行融入个人成长发展规划中。为开展党领导下的"三全育人"形式创新树立了"方向标"。2021年5月，学院党总支被学校推荐参加"广西党建工作标杆院系"评选，同年11月，学院又获广西高校第一批"三全育人"示范院系称号。

五、交通工程学院坚持党的全面领导育人成效

（1）广西机电职业技术学院焊接技术与自动化汽车车身维修技术。

（2）交通工程学院汽车车身维修技术专业荣获 2019 年广西高水平高职学校和高水平专业建设单位项目。

（3）交通工程学院荣获广西壮族自治区第一批高校"三全育人"综合改革示范院系项目。

（4）"'三全育人'视域下双高汽车专业群劳动课程体系的构建""专业群视域下专业课课程思政研究与实践——以汽车技术服务与营销专业群为例"荣获广西职业教育教学改革研究项目立项。

（5）冯志勇老师负责的汽车故障诊断与维修、熊继芬老师负责的汽车装配与调试、刘港老师负责的新能源汽车技术、冯明利老师负责的发动机构造与维修、吴慧老师负责的汽车涂装技术、李能老师负责的汽车文化六门课程，荣获广西机电职业技术学院 2021 年"课程思政"专项课题立项（第一批）。

（6）莫荣珍老师负责的汽车配件管理与营销、孔泽慧老师负责的新能源汽车装调与测试"1+X"职业技能培训、莫淑蓓老师负责的电动汽车充电技术、何勇老师负责的汽车机械基础、黄玉珍老师负责的汽车电工电子技术五门课程，荣获广西机电职业技术学院 2021 年"课程思政"专项课题立项（第二批）。

第二节　特色为根：依托学校办学特色育人

"当婴儿第一次站起来的时候，你会发现使他站起来的不是他的肢体，而是他的头脑。"一个学校要站起来，也必须依靠它的"头脑"——学校文化。特质的学校文化就是"学校办学特色"，"学校办学特色"是学校"站起来""向前冲"的助推器。

一、学校办学特色的总体概念

所谓学校办学特色，从显性看，是学校工作某些方面特优于其他方面（即特性明显且相对稳定并成效突出），也特优于其他某些学校的一种办学业绩。从隐性看，是一所学校在长期教育实践活动过程中所创造和积淀下来的一种办学风格和文化传统。

（一）学校办学特色是学校竞争力的核心要素

学校办学特色归纳概括起来，有如下几种类型。

（1）理念和管理型。理念型即学校在办学理念、管理理念等方面成特色。这种特色的特点之一就是它在别人不曾拥有时方成特色，一经推广，人人皆有，便淡出特色舞台。管理型即学校管理上特色鲜明、行之有效，如制度管理、课程管理、德育管理、队伍管理、后勤管理。

（2）资源型。这种特色建立在学校所拥有的各种独特资源上，如革命老区的红色资源、铜矿基地的黄色资源、煤产地的黑色资源、陶都的陶艺资源、自然风景区的绿色资源，以及茶文化、竹文化、客家文化、妈祖文化、"侨"牌特色等。地处人间天堂所在地的苏州十中，其校园就是一处典型的江南园林，被誉为"最具中国魅力"的美丽校园。物质资源外，人力资源也是各有不同的，如教师队伍也可以形成特色。

（3）特色班型和课程型。特色班型即依托学校的某些强项开设当时其他学校没有或少有的实验性质的专门班级。课程型的特色主要体现在校本课程的开发和开设上预备教育课程、专项学习课程和自主学习与活动课程。

（二）学校特色的培育和强化

学校特色的培育和强化之路径管理的核心是"三个到位"。

1. 理念要到位

特色并不意味着圆满，但特色却昭示着卓越。一个学校能否成为一个品牌，与有没有独具的特色有很大的关系。所以，关注学校特色构建，就成了优秀校长的必行之事。苏霍姆林斯基说过："校长对学校的领导，首先是教育思想的领导，其次才是行政上的领导。"作为学校大船的舵手，校长必然是学校愿景制造者、教育改革者、学校特色构建者，其办学思想、办学理念首先要到位，要认清形势，与时俱进，领会教育的实质，结合学校实情，对学校办学优劣了然于胸，善于培育和强化学校特色并设法激活教职员工的品牌意识，将学校的"工作目标"与教育的"终极价值"相统一，将学校的"常规工作"与"特色培育"相统一，使全体教工在了解教育使命和教育核心价值的前提下形成共同体，提高集体认同感，自觉自愿地投身到学校各项活动之中，并积极地影响家长和周围的人，进而扩展和强化学校与家长基于教育共识而产生的品牌忠诚关系。经过近3个月时间的调研、思索和征集意见，确定了学校的办学理念为"以提高国民素质为己任"；校训为"自强弘毅，知行合一"，办学目标为："全力创建特色鲜明和持续发展的品牌学校"，还归纳、提炼了特有的"三风"内容，得到全校师生的一致认同。

2. 行动要到位

在英文中，校长被称作 Headteacher，其意就是"领头的教师"。这个领头人不仅是行动着的思考者，也是思考着的行动者。行动的主体是学校文化的构建。学校文化有别于校园文化，前者涵盖了后者。具有办学特色的学校，首先应该具有浓郁健康的学校文化。致力于创建德育特色学校，应十分重视两项工作。一是确立了以争当"著名工匠好学生"活动为突破口，全面加强和改进未成年人思想道德建设的工作思路。全校学生人人参与、个个争当，涌现出一大批"著名苏区好学生"和各级各类优秀学生、特长学生。二是十分重视心理健康教育，设立心理咨询室，办心理健康小报，开通心灵热线，开讲座，搞咨询。

3. 保障要到位

学校特色的培育和强化，首先要有政策的保障，即党和政府正确的教育方针的保障。其次是办学条件等硬件保障。最后是特色教师队伍的保障，建设一支具有优良师德、胜任现代教育教学工作、具有现代教育教学理念、适应教育改革和发展需要的高素质教师队伍，从根本上关系到一所学校的生存与发展。广西机电职业技术学院多年来坚持教师岗位练兵活动，教师素质得到了提高。目前，"个体素质较高，群体结构合理，富有创新精神"的师资队伍已成为学校一个特色。其他保障还有管理制度、评价制度以及教研教改方面的保障，等等。

值得特别关注的是，强化学校特色的最高目标是特色学校。特色学校是在先进的教育思想指导下，从本校实际出发，经过长期的办学实践形成的独特的、优化的、稳定的办学风格，具有高于一般学校的管理水平和办学质量，并有较高社会声誉的学校。在这里，"学校特色"是一个时空范围较小的概念，而"特色学校"则标志着某一方面的"领袖"或"领先"地位。不断培育和强化"学校特色"，是创建"特色学校"的前提，这种创建是一个复杂的渐进过程，也是一个对学校文化的传承和改造、优化的过程。这个过程是一个以党的教育方针为指导，以素质教育贯穿始终，为受教育者提供优质教育资源，办好人民满意的教育的过程。为达到创建特色学校这一目的，要做到三个统一：从办学思想的角度讲，强调学校办出特色与全面贯彻党的教育方针的统一；从培养人的角度讲，强调特色育人与全面推进素质教育的统一；从学校建设的角度讲，强调个性化与规范化的统一。没有全面发展的统一观，单纯追求特色发展的学校就会成为畸形发展的学校，与创建特色学校背道而驰。

二、交通工程学院依托学校办学特色育人主要工作

（一）学校办学特色建立

广西机电职业技术学院目前与华为、吉利汽车、柳工、玉柴等一批行业龙头和领军企业共建智能制造、智能控制、汽车、人工智能、智慧物流、艺术设计、智慧建筑、乡村振兴、创新创业 9 个特色产业学院。

这些特色产业学院成立后，学校和企业将共同建设高水平专业、开发课程标准和高端认证证书、打造师资团队及设立研发中心等。在办学过程中，将实施多种运行模式，以产业学院代替现有的二级学院，探索混合所有制办学模式，进行订单制人才培养，搭建产教融合、校企协同育人平台。

学校产业学院的成立标志着学校与企业正式建立更全面深入的校企合作机

制，也标志着学校产教融合、协同育人、开放办学工作取得新突破。

（二）交通工程学院依托学校办学特色育人工作

1. 依托学校办学特色"三全育人"的探索

交通工程学院依托学校办学特色，探索出自己的"三全育人"特色育人体系。一是创新性地将"三全育人"与自治区高水平专业群建设形成了合力，做成了"一张皮"。二是创新性地提出了"四有"教育管理育人理念，为推进党领导下的"三全育人"有效落地提供了"着陆器"。三是原创了"四教同心圆"辅助教学诊改法，为精准开展"三全育人"改革提供了"听诊器"，为后续的靶向施策提供了"良方"，并取得一部分成效。

交通工程学院（以下简称"二级学院"）本着资源共享、优势互补的原则，从"高水平专业群"建设的视角，将二级学院的汽车类专业人才培养定位适当前移（利用"机"与"电"的办学底蕴服务于汽车制造行业，同时又兼顾汽车维修行业），为作为广西千亿元产业之一的汽车产业培养高素质工匠型人才。学校汽车类专业群基于对汽车制造企业、汽车维修企业用人标准的深入调研，分析提炼出了专业技能以外的其他用人要求，把这些要求定位为行动领域的思政标准，并将它们有效转化成了学习领域融入专业课程体系的思政内容，然后在"专业层面课程思政"的视域下，将整个专业的思政内容合理分配到各门课程，形成专业的课程思政体系，从而确保了专业层面的课程思政元素无死角、不重复。

2. 依托学校办学特色"三全育人"的成效

交通工程学院在明确了专业层面的课程思政体系后，对于单门课程的课程思政建设而言，必须先明确"融什么"（本课程需要承担专业层面课程思政体系中的哪些思政内容），再明确"融到哪"（本课程的各项目及任务如何与思政内容有机融合），最后探索实践"怎么融"（如何从内容、方法、环境、人文四个维度实现全方位育人）。以"新能源汽车电池及管理系统检修"课程为例，该课程的"三融"课程思政总体设计思路如图3-2所示。

基于对"三融"问题的分析研判，"新能源汽车电池及管理系统检修"课程团队科学设计出了本课程的思政建设目标：通过本课程学习后，实现学生"尊重生命的职业价值观、精益求精的工匠精神、爱岗敬业的劳动态度"的价值塑造，提高学生适应社会、适应岗位的工作能力，培养学生爱党爱国、家国情怀的价值认同，最终实现职业教育社会适应性的提升。

交通工程学院通过课程思政教学实践。采用"新能源汽车电池及管理系统检修"课程紧紧围绕学校交通工程学院为广西支柱产业（汽车产业）培养高素质工匠型人才的办学定位，结合专业特色和课程特点，以立德树人为根本任务，不断探索和实践"三全育人"的课程思政体系，将"为党育人、为国育才"的总

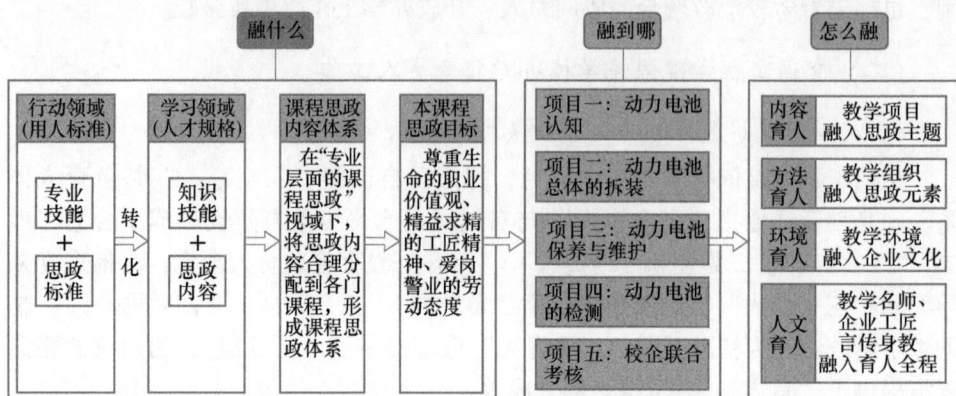

图 3-2　"新能源汽车电池及管理系统检修"的课程思政建设总体设计思路

体目标有效转化成贯穿人才培养全过程的一项项、一次次融入课程思政设计的教育教学活动，具体做法如下。

（1）根据课程思政的总体设计情况，开发出了本课程具体的课程思政实施方案，其核心要义见表 3-1。

表 3-1　课程思政实施方案

教学项目	融入思政点	融入形式	融入素材
动力电池认知	科技报国 开拓创新 质量标准 系统优化意识 螺丝钉精神	视频引入 资料研读 专题讨论 小组交流	将国产电池的技术优势与国外做对比
			从电池能量转换的工作原理讲解，引出事物发展具有创新特点，培养学生创新意识
			每个部件都有其不可取代的作用，社会分工不分贵贱
动力电池总成的拆装	生产安全 计划严密 复盘思维 结果正确 率先垂范 劳动教育	视频引入 情境融入 活动融入 实践融入 资源融入	安全事故视频、生产安全规则、安全作业任务单
			计划决策表、操作评价表、复盘反思表
			企业工匠示范
			工艺创新示范
动力电池保养与维护	服务态度 严谨细致 责任意识 质量标准 生产安全 操作规范	案例引入 情景融入 实践融入 资源融入 评价融入	维修手册标准、安全生产规则
			不规范操作（事故）造成影响视频、客户投诉单
			安全生产规则、客户服务规范、忧患意识从疫情防控形势引出

教学项目	融入思政点	融入形式	融入素材
动力电池的检测	过程完整 安全生产 质量标准 操作规范 结果正确	视频引入 故事分享 小组交流 实践融入 评价融入	规范操作视频、操作评价表、安全事故视频
			通过讲解"木桶效应"来提醒学生应德智体美劳全面发展
			量的积累达到质的突变，不积跬步，无以至千里
校企联合考核	率先垂范 主动解决问题 服务态度 爱岗敬业 榜样精神	情景融入 评价融入 故事分享	操作评价表、企业匠人先进事迹分享

（2）组建了一支由专业教师、思政课专任教师、企业能工巧匠组成的课程团队，同时加强师资队伍的思想政治理论培训和课程思政教学能力提升培训，打造了一支在原"双师型"教师的基础上懂政治、会思政的"三师型"教师，并严格按照本课程的课程思政实施方案开展具体的课程教学。

（3）用企业的用人标准（岗位技能标准+岗位思政标准）作为本课程的评价标准，组成一支由教学名师引领的专任教师+广西技术能手引领的企业技术专家组成的考评团队，在本课程结课前，扎实开展校企联合考核。

（4）通过对本课程的课程思政实践教学活动不断地优化、调整与升级，最终彻底解决了本课程的课程思政"融什么、融到哪、如何融"的问题，同时实现了"尊重生命的职业价值观、精益求精的工匠精神、爱岗敬业的劳动态度"的课程思政总目标。

2019年，汽车车身维修技术专业群获自治区"双高计划"的高水平专业群；"三全育人"模式的改革创新及成效总结凝练形成的成果"基于诊断与提升职业教育适应性的高水平专业群假设实践"荣获了2021年广西职业教育自治区级教学成果等次评定一等奖。

第三节　教育为本：遵循职业教育规律育人

2019年2月，国务院正式发布《国家职业教育改革实施方案》，其中开篇就旗帜鲜明地表明"职业教育与普通教育是两种不同教育类型，具有同等重要地位"，学院通过扎实研究职业教育的特点、本质、规律，挖掘出职业教育区别于普通教育的本质特征是一种适应需求的教育类型。

一、职业教育规律关键内容

职业教育的发展是有规律性可循的。职业教育是一项复杂的社会实践，它涉及社会的诸多方面和不同层面，是一个复杂的大系统，只有从总体上去探索和掌握职业教育发展的诸多规律，并正确地认识这些规律相互作用而形成的规律体系，才能从整体上和本质上对职业教育有一个科学的认识，才能因势利导，科学地指导职业教育实践。职业教育的规律性主要体现在三个层面上：第一，在社会发展层面上，职业教育与经济社会发展辩证关系中体现出的规律性；第二，在社会教育整体格局层面上，职业教育与普通教育辩证关系中体现出的规律性；第三，在职业教育自身发展的层面上，职业教育的教育教学特有的规律性。上述三个层面的规律不是孤立存在的，它们相互联系、相互作用构成了职业教育规律体系的基本架构。

（一）职业教育与经济社会发展辩证关系的规律

职业教育是人类社会发展中一个复杂的社会现象。经济社会发展的需要决定了职业教育的产生和发展，社会政治、文化等因素也影响着职业教育；同时，职业教育也反作用于社会，它可以促进或阻碍社会的发展。经济社会与职业教育这种决定与被决定、作用与反作用的辩证关系，贯穿职业教育发展的始终，决定和影响着职业教育发展过程中的其他关系，因而可以说是职业教育发展的基本规律。

我国已故著名职业教育先驱黄炎培先生，早在半个多世纪前就深刻地指出："就吾最近几年间的经验，用吾最近几个月的思考，觉得职业学校有最紧要的一点，譬如人身中的灵魂，得之则生，弗得则死。是什么东西呢？从其本质说来，就是社会性；从其作用说来，就是社会化。"这里所说的社会性，就是指经济社会发展与职业教育的辩证关系，它是职业教育发展中最基本和最本质的关系，职业教育发展的历程生动地证明了这一点。

（1）在经济社会与职业教育的关系中，经济社会发展影响并决定着职业教育的产生、发展的规模、结构、水平等特征，这是这一关系中主导的方面。

1）社会经济很大程度上影响并决定着职业教育的发展。职业教育是伴随现代工业文明走上历史舞台的，它的发展历程无时不受到经济发展的深刻影响。实践证明，不切实际地超越或消极地落后于经济发展的客观要求去办职业教育，都会对社会和职业教育本身带来不利影响。

2）社会政治对职业教育也有着深刻的影响。有智慧、有远见的社会领导者会促进职业教育的良性发展，从而促进经济社会的发展。我国从 20 世纪 80 年代至今，国务院主持召开了五次全国性职业教育工作大会，每次党和国家领导人都莅临并作重要讲话，这无疑对我国职业教育的发展起到了巨大的推动作用。目前在党和政府的领导和推动下，我国职业教育又进入了新的一轮蓬勃发展时期。

（2）在经济社会与职业教育的关系中，职业教育并不只是处于被决定、被影响的消极地位，它对经济社会有着不容低估的反作用，正是这种反作用体现了职业教育的社会历史作用。

1）职业教育对经济发展巨大的促进作用是显而易见的：现代化建设需要数以亿计的工作在第一线的高素质劳动者，只有高度发展的职业教育才能担负这一使命。职业教育对社会政治也有一定的影响。职业教育的良性发展会促进社会就业，从而促进社会稳定。职业精神的养成和完善可以促进包括行政管理在内的社会各行业工作水平的提高。

2）职业教育对社会文化也有一定的影响，它的发展会有助于打破旧的知识观和择业观，促进传统文化的变革。

3）职业教育与经济社会发展辩证关系的规律至少提出了三点要求：①在社会管理的层面上，国家和各级政府应切实担负起发展职业教育的职责，统筹经济社会发展与职业教育的关系，使职业教育与经济社会发展的需要相适应，要贯彻教育先行的原则，为经济社会的进一步发展铺好路；②在教育事业发展的层面上，各级教育行政部门应充分认识职业教育在社会发展中的地位，切实解决普通教育和职业教育发展"一条腿长，一条腿短"的不协调现象，把发展职业教育作为重要任务；③在职业教育自身发展的层面上，职教工作者要深刻地理解和把握职业教育社会性这个"灵魂"，主动自觉地将自己的工作融入社会发展的大潮中，走出关门办学和单一课堂教学的窠臼，坚持以服务经济社会发展为宗旨，以学生就业为导向，为社会发展全面地提供高素质的劳动者，在全面建成小康社会的伟大进程中体现自身的历史价值。

（二）职业教育与普通教育辩证关系的规律

在职业教育与普通教育的关系中，既有共生共赢、相互促进的一面，又有相生相克、相互对立的一面。这一辩证关系贯穿职业教育发展的始终，对职业教育发展有着重要影响，必须实事求是地处理好这个关系，这是职业教育发展的一条重要规律。

1. 职业教育与普通教育共生共赢、相互促进

（1）现代职业教育基本上是从普通教育脱胎而来的，在我国尤其如此。教育教学经验、理论、技术甚至是场地等大多是从普通教育借鉴或转化过来的，职业教育今后的发展也离不开普通教育的发展。

（2）就职业教育的教育教学层面说，职业教育不仅传授专业知识，还要传

授基础知识和通识知识，只有这两类知识的传授形成恰当的比例关系，才能培养出具有较高综合素质的职业技术人才。

2. 职业教育与普通教育相生相克、相互对立

在一定时期，国家可用于教育事业的财力、物力和精力是一定的，在安排职业教育和普通教育发展的关系上就有可能出现顾此失彼、两相矛盾的局面，尤其是经济发展水平较低的时期更是这样。就职业教育的教育教学层面说，职业学校教学总学时是一定的，如果处理不当，会出现基础知识和通识知识传授顾此失彼的矛盾，影响职业教育水平的发挥。职业教育与普通教育辩证关系的规律至少提出了三点要求。

（1）政府和各级教育行政部门要审时度势，根据社会发展需要合理安排这两类教育事业发展的关系，使其相互促进和谐发展。例如，目前政府采取强有力措施加快中等职业教育发展，经过几年努力，使中等职业教育和普通高中的规模达到大体相当的水平，这是解决目前这两类教育一手软一手硬的强有力措施。

（2）职业学校在教育教学工作中应本着实事求是的精神，着力安排好专业知识与基础知识、通识知识传授的比例关系，任何顾此失彼的做法都是有害的。

（3）职业教育应善于不断地借鉴和吸收普通教育发展的经验和理论成果。

（三）职业教育的教育教学根本规律

职业教育的特殊性质决定了其特殊的教育教学规律，即以职业能力培养为核心、以产学结合为基本途径的规律，这应该是职业教育的教育教学根本规律。

职业教育的特性即社会性，不仅决定职业教育发展的规模、结构和速度等，也决定着办学思想、培养目标、教学内容、教学方式等教育教学特征。职业教育的社会性特征决定了其以服务为宗旨、以就业为导向的办学指导思想，而以职业能力培养为核心、以产学结合为基本途径则是职业教育办学指导思想的必然逻辑要求。职业教育的教育教学根本规律至少提出了两点要求。

（1）职业教育担负着把可能的劳动力转化为社会需要的现实职业者的任务，职业学校要成为名副其实的职业引路人。因此，必须以学生的职业能力培养作为教育教学工作的核心，把培养学生就业和创业能力作为教育教学改革方向。职业学校要在人才培养目标、专业建设、课程建设、教学方式改革、师资队伍建设等教育教学全过程中始终不渝地贯彻这一原则。

（2）职业教育的性质和特点决定了在人才培养的途径上，必须突破普通教育"以教师为中心，以教室和黑板为主阵地"的传统教学模式，必须走产学结合的道路（高等职业教育应为产学研相结合道路），与企事业单位、行业、社区紧密结合，切实融入经济社会发展的潮流中去培养人才，因为最先进的生产力、最真实的教学情景、最丰富的教学资源在企业、在行业、在社会。

决定职业教育发展的还不仅是以上三条规律，而是一个规律群，或者说是一个规律体系，这三条重要规律构成了职业教育规律体系的基本构架。职业教育的不同规律是相互联系、相互作用的，由这种相互联系和作用产生的合力决定着职业教育具体的发展情景。其中，职业教育与经济社会发展辩证关系的规律决定职业教育发展总的方向和基本过程，因而是基本规律，它对其他两条规律有影响和决定作用，其他两条规律紧密围绕着它发挥作用，是它的延伸。从另一个角度说，职业教育与普通教育辩证关系的规律和职业教育的教育教学根本规律发挥得越好、越充分，职业教育的基本规律就实现得越好、越充分，因而可以说这两条规律是职业教育基本规律的保障性规律。

二、交通工程学院遵循职业教育规律育人工作

交通工程学院以提升职业教育的适应性为切入口，原创性地提出了"四教同心圆"辅助教学诊改法，运用以"该教的、能教的、所教的、教会的"为基础模型的"四教同心圆"辅助诊改法及配套的诊断量表，提升汽车类专业群适应性，并从中找到了"三全育人"与高水平专业群建设的突破口和落脚点。

（一）交通工程学院遵循职业教育规律育人工作内容

交通工程学院在明晰了职业教育的本质特征后，学院"智囊团"以提升职业教育（专业建设）的适应性为切入口，原创性提出了"四教同心圆"辅助教学诊改法，如图3-3所示，以区域产业需求（"该教的"）作为对标点，分别从"△1（专业结构与产业结构之间的适应性）""△2（人才培养实施过程与企业生产过程之间的适应性）""△3（人才培养结果与产业人才职业标准之间的适应性）"三个层面来详细分析诊断职业院校专业建设的适应性问题及现状，找到了"三全育人"工作和高水平专业群建设的突破口和落脚点，开展了一系列创新性的靶向改革措施。

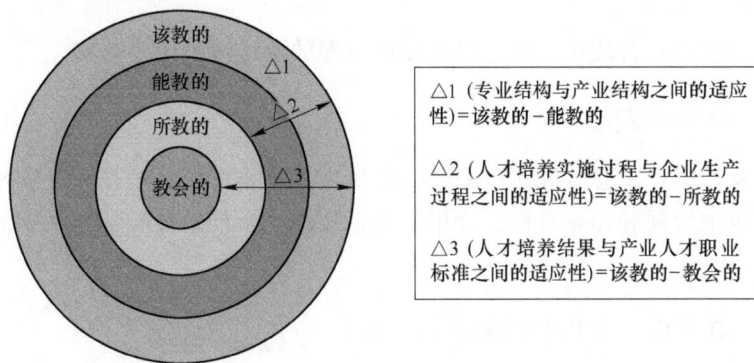

图3-3　"四教同心圆"辅助教学诊改法

（二）交通工程学院遵循职业教育规律育人工成效

2021 年，交通工程学院将这一套遵循职业教育规律育人、体现"三全育人"成效的高水平专业群建设改革做法总结凝练成"基于诊断与提升职业教育适应性的高水平专业群建设实践"教学成果申报，最终荣获了 2021 年广西职业教育自治区级教学成果等次评定一等奖。同时也在以"教育为本：在遵循职业教育规律育人"中取得一定成效。

（1）《南国早报》报道：《密织交通经纬，齐奏育人乐章——广西机电职业技术学院交通工程学院"三全育人"纪实》，《南国早报》报道观点：职业教育改革有阵痛，应在学生与企业间找到平衡点。

（2）广西八桂职教网报道：《硕果累累！广西机电职院校企合作创新经验两次入选国家级产教融合校企合作典型案例》。

（3）广西广播电视台都市频道《八桂之窗》栏目于两个时段播出《"四有"明方向 "三全"育人才——广西机电职业技术学院交通工程学院》8min 新闻报道。

第四节 实践为基：探索综合改革创新育人

党和国家历来高度重视大学生思想政治教育，明确要求办好高校思政课。近年来，各地各高校认真贯彻落实中央重大决策部署，全面系统规划、大胆改革创新，抓方向、重落实，抓教材、拓资源，抓队伍、强骨干，抓教法、推经验，抓学科、筑基础，抓标准、建马院，初步形成了思政课建设的良好局面。我们要认真总结经验，深入分析形势，深刻认识办好思政课的重要性、必要性和严肃性，不断提高使命感、责任感和紧迫感，始终将思政课建设摆在突出位置，作为重点课程，持之以恒、常抓不懈。

一、高校综合改革创新育人要求

高校要坚持综合改革，将办好高校思政课的要求落细落小落实。

（一）在明确责任上下功夫

高校党委书记是思政课建设的第一责任人。党委书记、校长和分管校领导要切实负起政治责任和领导责任，真正落实思政课在学校教育教学体系中的重点建设地位。

（二）在建设立体化教材体系上下功夫

要帮助老师用好教材，帮助学生读好教材，使用鲜活材料、生动语言编写和解读教材，为师生提供好教、好看的思政课教学系列用书。

（三）在加强教师队伍建设上下功夫

要加强教师理想信念教育，坚持高标准选用思政课教师，严把政治关、业务关。健全考核评价制度，探索建立符合思政课教师职业特点的职务职称评聘标准。

（四）在改进教学方式方法上下功夫

要把思政课教学与学生全面发展结合起来，关心学生的思想困惑，研究学生的思想实际。更加重视实践教学，形成理论联系实际的教学新模式。要探索网络教学，选择一批优秀教师开设网络示范课，建立和完善大学生思政课主题学习网站，让更多的学生享受到优质教育资源。

（五）在整体推进上下功夫

地方教育部门要推动全方位共建马克思主义学院工作，深入推动实施特聘教授制度，加强对重大理论和实践问题的联合攻关。高校要加强综合协调，坚持整体思维，统筹研究思政课各门课程教学设计，切实提升思政课建设水平。

实施综合改革是学校贯彻落实中央深化改革精神、强化内涵建设、实现自身发展的客观要求，更是解决学校发展中深层次问题、突破发展瓶颈的必然选择。

二、学校探索综合改革创新育人工作目标

广西机电职业技术学院在推进探索综合改革创新育人的工作中做了大量工作，取得了以下工作成果。

（一）成立领导小组

学校为推进综合改革创新育人各项任务，成立了"综合改革创新育人"领导小组，制定了全面推进综合改革创新育人实施意见。为使综合改革创新育人任务落实，学校组织开展了综合改革创新育人任务分解工作，并设立多项专项工作组负责具体创新育人的落实。其间，学校召开综合改革创新育人专题会议，听取综合改革创新育人任务推进汇报，部署综合改革工作。截至目前，学校综合改革创新育人各项工作任务分解工作基本完成，改革任务时间节点已初步确定。学校综合改革创新育人工作将贯穿于"十四五"期间，改革任务将紧紧围绕人才培养这一根本任务，聚焦治理结构、人事制度、学科建设、人才培养、科研体制、资源配置六大问题，加强内涵建设，释放发展活力，实现学校办学历史新跨越。

（二）落实内部体制改革

学校为保证改革创新育人任务顺利实施，在深化内部管理体制改革方面，建立具有自身特色的现代大学治理体系，逐步争取扩大学校办学自主权。坚持和完善党委领导下的校长负责制，健全议事规则和决策程序。充分保障和发挥学术组织在学术事务中的主导作用。加大依法治校力度。强化依法治校能力建设，建设以学校章程为核心的制度体系。完善绩效评价机制，建设服务型机关，强化学院办学主体地位。

（三）落实人事管理制度改革

学校在深化人事管理制度改革创新育人方面，进一步健全校院两级教师管理机制，完善分类管理，突出岗位职责导向。统筹规划薪酬体系，探索规范化收入分配模式。完善高端人才队伍建设和青年骨干教师队伍选拔和培养机制。充分利用博士后平台优势，促进博士后与师资队伍一体化建设。

（四）推进学科建设改革

学校在深化学科建设改革创新育人方面，积极探索以需求为导向的建设模式，逐步形成高峰学科与高原学科群协调发展局面。要建立学科专项管理机制，明确不同学科发展时期的不同使命和任务，设立学科专项支持计划。要建立内外互动机制，促进学科学术共同体建设。要坚持以项目的关键性问题和重大需求为牵引，促进多学科协同创新。

（五）加大人才培养模式改革

学校在深化人才培养模式改革创新育人方面，要完善综合评价高考选拔录取体系，探索多元录取的招生制度。要以"质量工程"为牵引，完善本科生培养质量体系，深化本科教学改革。要改革研究生招生与选拔机制，完善研究生导师制度建设，创新研究生培养模式。要加强和改进思想政治教育，加强学生就业创业教育和就业指导，完善学生奖助体系，提升国际化人才培养合作水平。

（六）完善科研管理体制改革

学校在科研管理体制改革创新育人方面，要深化科研管理模式改革，形成多学科多层次创新群体。要建立需求导向、深度融合、创新引领的创新能力提升机制，规范科技产业管理，增强服务社会能力。深入推进协同创新，改革现有科研组织形式，建立完善产学研协同创新机制。开展产学研合作基地建设改革试点，建立产学研战略联盟。规范产业管理，健全运行机制，建立资产管理、财务管理和廉政建设相关制度，建立科学规范的决策程序，确保国有资产保值增值。

（七）深化校企合作创新改革

学校在深化资源与保障体系改革创新育人方面，要实施预算管理与资产管理相结合模式，健全资产配置流程和配置标准管理机制。要推进校院两级财务管理体制改革，明确校院两级经济责任主体。要完善校园建设、后勤保障机制，大力推进绿色校园建设、节能校园建设。完善学校图书文献、校园网络、公共分析建设投入机制。同时，发挥校友和基金会的作用，为学校发展提供资源。

三、交通工程学院综合改革创新育人工作内容

交通工程学院采用原创的"四教同心圆"辅助教学诊改法，揪出了制约汽车类专业群发展的主要问题为△1（专业结构与产业结构之间的适应性），精准找到了"三全育人"工作的重点、难点与着力点，随即开展了下列改革创新育人举措。

（一）建立产业学院

成立机电-吉利汽车产业学院，探索实践"政校企"联动的"旺工淡学，二元四阶"成蝶式人才培养模式（见图2-12），构建"实践（产业学院认识实习）—理论（校内理实一体化教学）—再实践（产业学院岗位实习）"新三段式课程体系，通过充分开展校企间的产教融合，成功地撬动当地政策部门加入育人工作、吸引企业最终成为育人主体，实现了政校企协同发力的"全员、全过程、全方位"育人。

（二）加强课程思政内涵提升

升级课程思政内涵，将课程思政的"观念上移"，提出了"专业层面的课程思政"。挖掘出专业所有德育元素并进行系统的顶层设计后，将专业相关的德育元素合理分配至各门课程，并融入各门课程的课程标准，任课教师严格按照课程标准实施教育教学活动，从而有效实现了专业所需的德育元素全覆盖，从多维度和连续性上避免了实施单门课程思政时容易出现的"遗漏"与"重复"现象，实现了课程思政层面的全过程精准育人。

（三）与社会、企业协同育人探索

针对学院毕业学生就业时普遍存在的"孔雀东南飞"现象，提出强化"社

会性"教育，是将专业学生由"学校人"变成"社会人"不可或缺的一个培养环节。"社会性"教育主要是指侧重培养学生在"价值认同、社会能力"等方面的"隐性"适应性教育，通过结合课程思政提升民族自豪感、联合本土企业开展校企合作提升学生对本土企业认同感、结合岗位实习培养岗位职商等方式，实现了学院毕业生"实习实践东南飞、创业就业凤还巢"的"生生留本地"育人目标，进一步扩宽了思政育人内容层面的"全方位"。

（四）做有温度的教育教学管理

践行有温度的学生管理，将"三全育人"工作常态化，形成了无时无刻、见缝插针的灵活育人机制。如遇到学生在厕所抽烟、乱丢烟头，马上开展"厕所教育"主题班会，并设置吸烟角、集烟瓶等人性化应对措施；又如学生到浙江吉利汽车产业学院实习，实习指导老师会全程随队，学院领导、专业教师、辅导员会全程线上关怀，实习中途，演绎了一场"千里包车送医"的感人故事；实习归来，领导、老师们在校门口列队迎接，使学生感受到学校的温暖，学会感恩等。通过灵活的育人机制，润物细无声地开展育人工作，提高了"三全育人"的成效。

四、交通工程学院综合改革创新育人工作成效

交通工程学院在不断以"实践为基：探索综合改革创新育人"的"三全育人"的教育教学改革中，沉淀了自己的流程，固化了自己的成果，展现了自己的成效。

（1）2021年助力学校获"1+X"新能源汽车装调与测试职业技能等级证书省级指导中心新闻报道。

（2）"'校企共建 联招共培'产业学院的实践与探索"项目入选2021年教育部产教融合校企合作典型案例。

（3）"基于'政校企'联动的'旺工淡学、二元四阶'校企合作育人模式的探索实践"入选机械行业职业教育产教融合校企合作典型案例。

（4）创新人才培训模式，基于"政校企"联动的"旺工淡学、二元四阶"成蝶式人才培养模式探索实践。

2021年5月26日，在浙江宁波举行的"机械行业吉利汽车产教协同人才培养联盟成立大会暨2020年度校企合作表彰大会"上，交通工程学院副院长倪炳林代表学校接过吉利汽车"2020年度最佳合作单位"牌匾及实训用车两台的奖励，如图3-4所示。

图 3-4 吉利汽车最佳合作单位牌匾颁发仪式

第四章 经验总结：密织育人经纬、齐奏育才乐章

广西机电职业技术学院在"三全育人"的工作推行和实践工作中不断地创新、改革，形成了自己的办学特色；交通工程学院在建设自治区"三全育人"示范院系的工作中，也不断探索实践，总结出了自己的一套"三全育人"机制。

第一节 织密育人经纬定纲，齐奏育才乐章定音

学校积极响应新时代的召唤，在以学校为主体、以家庭为基础、以企业为依托的"三结合"教育环境的基础上，旗帜鲜明地打造家校企共育特色品牌，家校企"密织"育人经纬，共同激活发展引擎。

一、职业教育"家校协同育人"新模式的构建

学校针对"教师、辅导员、家长"协同育人机制现状，近年来一直在倡导"全员育人、全方位育人、全过程育人"的"三全"创新育人理念。高职院校"教师、辅导员、家长"协同育人机制建设的必要性"教育"二字，包含着"教"和"育"，高校和家长的目标始终一致，责任和使命始终相同，因此要让家长参与到育人过程中来，与教师、辅导员一同奏响家校协同育人的"交响曲"。

教育主体和目标具有统一性，教师、辅导员、家长的教育主体对象都是学生，尽管三者在教育方式上的着力点不同，但共同目标都是学生的成长成才。教师在课堂上对学生授业解惑的同时，也要对学生开展思想政治教育，筑牢课堂主阵地。不管是思政课教师还是专业课教师，都应当在课堂教学中穿插讲授社会所需要的正确价值道德观念，提高大学生的思想道德修养，尤其作为法学类专业较多的高职院校，教师在日常案例教学和知识点讲解时不应只是简单讲授相关法律法条，还应补充讲授正确思想道德和法治观念，帮助学生形成良好的思想道德素养和法律基础。辅导员作为大学生健康成长的指导者和引路人，日常与他们接触最多，更是应该承担好对大学生进行高职院校"教师、辅导员、家长"协同育人机制的建设研究。

（一）增进沟通，推进教育融合

通过对学生家庭普及教育科学知识，提高全体学生家长的教育水平，是增强

家庭教育与学校教育同向同步、推动素质教育、培养时代新人的重要环节。首先，通过积极的沟通联系，让家长明晰学校建设发展思路、了解育人措施与方向，实现家校"携手并肩、思维同步、知行合一"，进而有效调动家长参与学校学生管理的积极性和主动性。其次，为推进家校协同育人，学校以"教师发展中心"为研训平台，以"家庭教育指导师"团队为活动主体，学校领导与德育团队、家庭教育指导师队伍、骨干教师、班主任、科任教师齐心协力，有针对性地采取多种活动形式拓展家长在学校的覆盖群体领域，因"群"制宜，促进家校协同育人稳步提升，形成了家庭教育工作"齐抓共管"的良好氛围。

学校各方的努力下合力推进"家校协同育人"，形成了具有校本特色的教育框架，发挥了"辐射示范、引领共建"的积极作用，"家校协同育人"教育特色品牌"站得稳、拿得出、走得远"。

（二）搭建平台，加快引领共建

为切实推进家校共育，可以邀请家长走进课堂，了解学校的教育教学情况，拉近学校与家长的距离，形成家校合力的良好态势。在"校园开放日"活动中，学校举办家庭教育指导讲座，让参加活动的家长结合在学校的见闻感受，明确在家庭教育中应当扮演的角色，学习科学的家庭教育方法。此外，学校开展了形式多样的活动，学生向父母展示了各种才艺，与长辈共同体验亲情。通过"校园开放日"活动，家长身临其境，充分感受课堂的生动，清晰地了解孩子在学校的综合表现，更为家长与学校、家长与家长之间对家庭教育的沟通搭建了平台，督促教师提高教学水平，从侧面推动了学校教育教学工作的发展。

在"学校不仅是师生的学校，也是家长的学校。家长也是学校重要的、不可或缺的一分子"这一理念的引领下，学校积极创造条件，引导家长参与学校的教育与管理建议。在毕业班毕业季踏上社会时刻，能听到家长代表热情洋溢的致辞；在文艺汇演会场、才艺展示厅、党建活动中，能看到家长志愿者忙碌的身影和欣慰的笑容；在大型校本测试考场，能看到家长代表巡视考场的足迹，体会到家长参与学校管理工作时的庄严、自豪和喜悦。

为拓宽家庭教育的接受渠道，学校引导家长参与网络公益家教讲座（讲堂）活动，每学期还会有针对性地召开家长线上座谈会，近距离地为部分家长提供家教指导意见，为在家庭教育中遇到难题的家长答疑解惑。

与此同时，学校通过常规家访及"寒假家访活动月""暑假家访活动月"活动，采取线上线下家访相结合的方式，由二级学院分管领导带队，辅导员牵头，走进学生家庭，对家长开展家庭教育进行有针对性、有目的性的指导，帮助家长树立科学的家庭教育观。坚持不懈的家访活动，在指导家庭教育、贴近家庭实际、融洽亲子关系、促进家校共育等方面取得了实实在在的效果。多线索、多途径、多平台、多层次的家校共育举措，获得了社会各界的积极评价。

二、推进"校企协同育人"机制，深化产教融合

深化校企协同育人机制，提升专业人才培养质量，学校积极实施以市场需求和就业为导向、以职业能力为本位的人才培养模式，积极拓展校企合作渠道，多方面开展合作，实现学校、企业、学生三赢的局面。

（一）校企行业专家参与专业人才方案修订与论证

如何培养专业人才更能适应社会需求？学校在进行专业人才方案的修订与论证时，邀请校企行业专家共同参与，使人才培养方案更合理、更符合社会需要。

（二）校企互聘师资共同承担课程教学

学校在"专业课""公共基础课"等课程中采取了校企互聘师资、共同承担教学的模式，使教学更具有实践性。学校教师的系统理论讲授结合企业导师的实践经验，让学生学到更为立体、丰富、贴近社会的学科知识和技能，为培养实践性人才打下基础。

（三）校企共编教材

行业企业专家除了参与人才方案的制定和授课，还深度参与了教材的编写，使教材更贴合社会发展需求，如许多针对特设专业的校本教材都是由校内专任教师与校外企业共同编写的。

（四）企业行业专家进校园开设讲座

特邀校友回到校园，为学生们开设讲座，讲述创业历程和经验，让学生们在学习课内知识的同时，也接受了创业精神的熏陶。学院也邀请行业专家为学生介绍最新的竞赛管理规程，帮助学生们了解现行的行业规范。

（五）学生入企业开展认知实习

根据人才培养方案的要求，为了让学生对所学知识有更直观的感受和体验，从而更扎实地掌握知识，学院除了"请进来"，还要求任课老师带领学生"走出去"。老师们带着学生们来到了各专业相关的院外企业，请企业专家介绍企业相关操作流程，让学生模拟在岗，加深了学生对于学科知识的印象和理解。

（六）共建岗位实习实训基地

通过对相关企业资质核查和遴选，学校与20家院外企业、学校签约，共建实习实训基地，为学生提供丰富的实习实训机会，提高学生专业实践能力和综合职业素养，实现人才培养与市场的有效对接。

通过多种形式的校企合作，学院和院外企业建立起长期的友好合作关系，达到了学院、企业、学生三赢的局面。每年学校毕业生人数达10000多名，就业率一直稳定在95%以上。相信学校将会进一步深化产教融合，持续推进"校企协同育人"机制，不断提升专业人才培养质量，为社会输送更多的高素质技术技能人才。

三、交通工程学院密织育人经纬的工作内容

交通工程学院为实现"为党育人、为国育才"的教育目标，倒逼学院本身必须用"有温度的教育管理、有内涵的教学改革、有创新的校企合作、有保障的条件改善"的"四有"管理服务育人举措，有效转化成一项项、一次次教育教学活动等内容。

2021年12月，交通工程学院获批学校校级"三全育人"示范院系建设称号，经二级学院班子认真研究，决定与之前获得的广西高校首批"三全育人"综合改革示范院系合并建设。自该项目启动以来，交通工程学院紧紧围绕在坚持党的全面领导育人、依托学校办学特色育人、遵循职业教育规律育人、探索综合改革创新育人的基础上，深入课程育人、科研育人、实践育人、文化育人、网络育人、心理育人、管理育人、服务育人、资助育人、组织育人10个方面全方位开展"三全育人"建设，各项工作均按照建设计划书的要求、进度有序推进。

第二节 以"三融"思路推进课程思政建设

全国高校思想政治工作会议以来，在习近平总书记关于教育的重要论述指引下，课程思政建设全面推进，为我国高等教育实现高质量发展注入了活力和动力，促进了高校"三全育人"体制机制的完善。

一、课程思政的实践要求

持续深化课程思政建设是进一步推动中国特色社会主义教育理论体系不断形成新的生动实践的客观要求。当前，进一步明确课程思政建设的方向、定位、内涵、路径与方法，要坚持从为党育人、为国育才的政治高度来强化思想认知，更要回归教育本质来推进实践探索。要牢牢抓住全面提高人才培养能力这个核心点，始终坚持人才培养的内在逻辑，锚定"专业"这一人才培养的基本单元，着力于在专业思政的框架下健全完善课程思政的工作体系、教学体系和内容体系，不断深化课程思政建设，提升专业人才培养质量。

（一）专业思政和课程思政要遵循人才培养的内在逻辑

从高等教育人才培养规律看，专业是人才培养的基本单元，课程是人才培养的最小单元。专业思政和课程思政作为对高等教育人才培养规律的新认识，是新时代高校构建高水平人才培养体系的重要实践，是学校对专业内涵的丰富和拓展，为专业建设提供了重要遵循。

近年来，课程思政建设取得长足进步，收获了很多好的经验和做法，有力提高了人才培养效果，提升了立德树人成效。同时，伴随课程思政建设的快速发展，也出现了不少对课程思政"只知其表不知其里""硬融入""贴标签"的现象，部分教师没有深刻领悟课程思政既是"道"也是"术"的辩证内涵，忽视了课程思政自然而然、润物无声的基本特征，把课程思政抽象化、庸俗化，表面上热热闹闹，实则偏离了人才培养的规律。

当前，课程思政建设已经进入一个新的发展阶段，必须遵从人才培养的内在逻辑，在专业思政框架下深化课程思政建设。不能仅仅就课程思政说课程思政，而是要从新时代高水平人才培养体系的构建来说课程思政；不能仅仅就课程说课程思政，而要从专业建设层面来说课程思政；不能赋予课程思政过多的内涵，课程思政无法解决人才培养体系构建的全部问题。

（二）专业思政是深化课程思政建设的基石和平台

专业思政是对专业人才培养功能的新认识，强调所有专业都要在学校办学总体目标定位的基础上明确本专业的育人目标和规格，把育人要求细化到本专业的人才培养方案中，落实到人才培养全过程，在课程体系（含实践教学）、教学规范、师资队伍、教学条件、质量保障等各环节有机融入本专业所蕴含的思想政治教育元素，实现思想政治教育与知识体系教育的有机统一。

专业与课程的逻辑关系决定了专业思政与课程思政具有天然的一体性，专业思政是深化课程思政的基石和平台。专业思政是指在本专业人才培养方案中对本专业所培养人才应具备的核心素养进行总体设计，提出要求和实施途径；课程思政是指依据专业思政的目标要求，把"做人做事的基本道理""社会主义核心价值观的要求""实现民族复兴的理想和责任"细化落实到每门课程的教学大纲、教学设计、课堂教学、考试测验等全过程各方面各环节。所有课程聚合起来，彰显出每门课程"守好一段渠，种好责任田"，突出育人主渠道的功能。专业思政不仅为课程思政建设聚焦了育人方向、规定了工作目标、营造了浓厚氛围，而且搭建了本专业课程共享的思政资源平台，同时也为本专业的非专业课程（公共基础课程等）开展课程思政提供了体现"因专业而思政"的专业思政资源。

（三）牢牢把握在专业思政框架下深化课程思政建设的着力点

深化课程思政建设，必须始终坚持从中国特色高等教育制度层面来认识，着力做好整体设计，根据不同专业人才培养特点和专业能力素质要求，科学合理设计思想政治教育内容。

1. 要优化人才培养方案和教学大纲

要在专业的人才培养方案中对人才培养规格（包括专业能力和核心素养）进行完整科学的表述，对学生的思想政治素质等核心素养提出总要求，更加重视红色基因、科学精神、创新能力、批判性思维的培养培育，并把专业能力与核心素养的培养分解到本专业的所有课程（群）中。每门课程必须围绕专业培养目标中规定的核心素养来完善教学大纲。

2. 要整体设计专业育人（核心素养）的实现路径，完善课程思政工作体系、教学体系和内容体系

要在专业思政与课程思政一体化设计的基础上，深刻把握课程思政工作体系的联动性，明确课程思政建设不仅仅是某个专业某个教师的任务，而是涉及学校、学院、专业、党支部、教师等各方主体全校整体上的工作，必须全要素推动，形成更高水平的"课程门门有思政，教师人人讲育人"工作格局；深刻把握课程思政教学体系的原生性，明确课程思政教学不是添加些思政元素，而是对课程教学体系中内容、方法等的全面、重新梳理；深刻把握课程思政内容体系的聚合性，必须根据专业育人要求和教学实际对思政元素进行有针对性的选择和使用。

3. 要压实专业负责人的主体责任

专业负责人是专业建设和专业教育教学的组织者，对本专业各门课程的课程思政建设有组织、指导的责任，是专业思政和课程思政的组织者、实施者，要充分调动他们的积极性，发挥他们的作用，抓好专业层面的专业思政统筹建设，抓好专业核心课程的课程思政示范建设。同时，切实发挥好教师党支部的引领、推动和保障作用，推动课程思政建设不断深化。

4. 要注重教师个人的能动作用

课程思政具有专业规定性和教师自主性双重特征。教师开展课程思政，一方面要遵循课程思政的专业规定性，使课程思政切实服务于专业人才培养目标的达成；另一方面，要充分发挥教师自身的主观能动性，因为课程思政没有规定的模式、现成的模板，课程思政的思政元素必须经过教师消化、加工才能有效使用，才能避免不同教师之间的简单重复，才能形成鲜明的讲授特点和风格，进而成为鲜活的而不是刻板的思政，受到学生的真心喜欢，提升育人成效。

二、学校课程思政的工作目标

广西机电职业技术学院申报"广西职业教育装备制造类专业课程思政教学研究中心"项目。广西职业教育装备制造类专业课程思政教学研究中心（以下简称"中心"）由学校党委直接领导，以学校两个广西"双高"建设专业群所在的机械工程学院和交通工程学院为主体，整合学校马克思主义学院、教务处、团委、学生工作处、质量管理处、校企合作企业等资源，融合学校前期建设的职教平台（彭朝晖国家级教学名师工作室）、技术平台（高凤林工作室）、科研平台（广西机器人焊接工程研究中心）、思政平台（广西高职高专院校思想政治理论课建设联盟理事长单位），"四维一体"将原来只从课程层面发力开展课程思政的理念主动上升至专业层面的课程思政，立足学校的装备制造类专业开展课程思政的人才培养创新实践，并将该模式有效推广至学校其他二级学院。与此同时，充分利用学校建设的广西机械职业教育教学指导委员会、广西职业教育汽车类专业发展联盟、广西高校思想政治理论课多层级集群结对共建牵头单位等三个推广平台，将校内成功的课程思政个案模式上升为能推广应用的普适性模式后，面向广西职业院校的装备制造类专业推广应用，并由此带动其所在学校的其他专业课程思政的创新实践，形成"以点带面"的"放射式"课程思政局面。组织架构和运行机制如图 4-1 所示。

（一）发展定位和主要职责

1. 发展定位

在学校党委的统一领导下，充分发挥国家级教学名师、专职思政课教师、大国工匠在课程思政各领域的示范带头作用并使其"充分融合"形成合力，选取本区域职业院校在校生人数最多的装备制造类专业作为研究对象，以提升装备制造类专业的适应性为目标，将课程思政提升至专业层面来开展课程思政，以专业建设与改革为突破口，创新探索一种将思政教育与技术技能培养深度融合的"新三段"课程思政新模式，最终将"为党育人、为国育才"的目标有效转化成专业人才培养全过程中一项项融入课程思政的教育教学活动，在校内培养出一批批"有灵魂、有担当、有技术"的装备制造类技术技能型人才，彰显学校鲜明的装备制造办学特色。在个案成功的基础上，再进行普适性的研究，充分利用中心已有的资源与平台优势，向校内其他专业和校外装备制造类专业推广应用。最终将本中心打造成广西职业院校装备制造类专业建设的标杆、人才培养质量的样板、课程思政的典范。

2. 主要职责

（1）通过从专业建设层面系统设计课程思政，创新探索一种将思政教育与

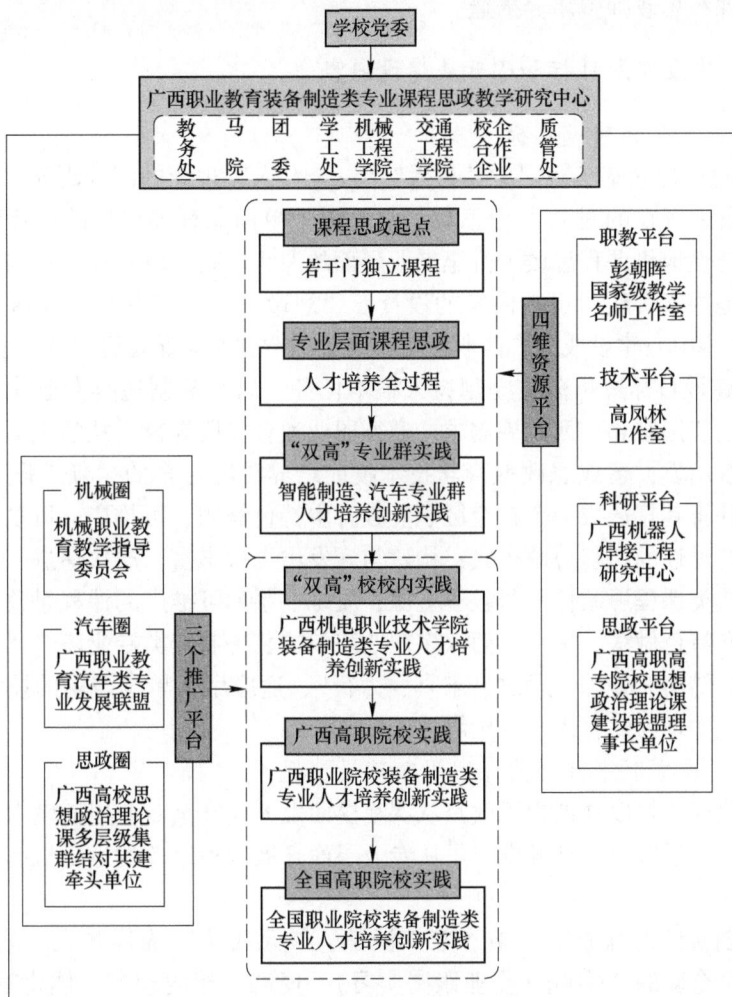

图 4-1　课程思政组织架构和运行机制

技术技能培养深度融合的"新三段"课程思政新模式，重构"实践-理论-再实践"的专业课程体系，将课程思政的"观念上移"（上升至专业层面）、"重心前移（课程思政的主要场所前移到学生的实习岗位）"和"方法下移（实施学生在企业工作岗位上融入课程思政的课程教学）"，打出基于人才培养模式改革的课程思政"组合拳"，通过创新性的课程思政，确保本校并辐射带动广西职业院校的装备制造专业人才培养质量达到新时代技术技能型人才的"国家标准"和"用人单位标准"。

（2）将中心建设成为广西职业院校装备制造类专业课程思政的研究基地、广西职业院校装备制造专业课程思政教学资源的生产基地、广西职业院校装备制造类专业课程思政师资培养摇篮。

（二）建设理念目标和已开展建设内容

1. 建设理念和建设目标

（1）建设理念基于对"立德树人""三全育人"理念的深入研究，针对目前职业院校普遍存在的对"课程思政"只着眼于单门课程如何思政的片面理解与做法，创新性地将课程思政上升至专业层面的课程思政，以专业建设与改革为抓手，系统地探索实践"思政内容的设计""思政方法的优化""思政效果的评价"，最终将中心建设成为广西职业院校装备制造类专业课程思政的"吹哨人"。

（2）建设目标聚焦落实立德树人根本任务，以装备制造类专业建设为突破口，紧紧围绕国家和广西发展需求，遵循职业教育发展规律，从学生适应未来工作岗位需求出发，建成思政教育与技术技能培养深度融合的"新三段"课程思政模式，并将其打造成一个在全区职业教育中特色鲜明、可推广、可复制、可借鉴的具有普适性的课程思政模式；构建与开发出类型丰富、层次递进、相互支撑的装备制造类课程思政体系与教学资源；凝练一系列可推广的课程思政教育教学改革经验和特色做法，携手广西众多职业院校的装备制造类专业培养"勤学、修德、明辨、笃实，爱国、励志、求真、力行"、适应用人单位需求的技术技能型人才，真正实现为党育人，为国育才。

2. 中心成立以来开展的课程思政建设情况

充分论证了将以往课程思政只从课程层面发力提升至专业层面发力的可行性与科学性，并系统地设计开发出了从专业层面开展课程思政的运行机制、方法路径、评价体系。

中心创新性地探索了一条"旺工淡学、二元四阶"成蝶式人才培养模式，构建了一个全新的"实践（企业跟岗实习）—理论（校内理实一体化教学）—再实践（企业顶岗实习）"新三段式课程体系；为思政教育与技术技能培养深度融合搭建好了试验平台。

中心在开展旺工淡学人才培养模式的创新实践中，各专业通过校企合作共同开发了将思政元素与技术技能要求高度融合的一批全新的课程：如新能源汽车技术专业与吉利汽车公司合作开发了"吉利人生"课程及其配套的教学资源；机电设备维修与管理专业（工程机械维修方向）与柳州工程机械股份有限公司合作开发了"装载梦想"课程及其配套的教学资源。

中心将一大批原来的专业"双师型"教师培育成了会思政的"三师型"教师。中心整合学校现有资源，开发了一个满足"三全育人"要求的资源平台和一个支撑发挥示范作用的推广平台。

中心以智能制造产业学院、汽车产业学院为载体，将众多合作企业的课程思政元素与资源进行整合，扩充了专业人才培养过程中课程思政的教学场所与师资队伍。改变了以往人才评价模式，将人才培养结果的评价权交给了用人单位，以岗位标准来检验课程思政与技术技能培养结果。

3. 中心探索创新课程思政建设的方法路径

中心以提升装备制造类专业的适应性为目标，将课程思政主动上升至专业层面来开展课程思政，以专业建设与改革为突破口，创新探索了一种将思政教育与技术技能培养深度融合的"新三段"课程思政新模式，其创新点主要体现在以下三个方面。

（1）理念创新，创新提出了将课程思政由课程层面上升至专业层面。基本内涵是：以往依靠单门课程进行课程思政的方式存在明显弊端，效果并不明显，如果在专业的诸多建设要素中均融入思政元素，开展系统地建设，一定能形成"聚集效应"，收到"事半功倍"的效果。这种理念上的创新，一方面，专业建设与改革能为课程思政提供更大的舞台；另一方面，课程思政的效果更容易被检验与评价。

（2）机制创新，在学校党委的直接领导下，创新设计了"一个研究中心、四类资源平台、三个推广平台，校内校外递进式实践、推广"的有效运行机制。

中心充分整合了学校优质资源，发挥学校"机"与"电"的优势与办学特色，利用学校已有的彭朝晖国家级教学名师工作室（职教平台）、广西高职高专院校思想政治理论课建设联盟理事长单位（思政平台）、广西机器人焊接研究中心（科研平台）、高凤林工作室（技术平台）四类资源平台，从四个维度搭建了涵盖职教、思政、科研及技术的"四维一体"架构；同时，充分利用"机械职业教育教学指导委员会""广西职业教育汽车类专业发展联盟"和"广西高校思想政治理论课多层级集群结对共建牵头单位"三个推广平台，在学校相关专业或专业群试点成功的基础上，面向校内其他专业和广西职业院校乃至全国的装备制造类专业进行成果推广应用。

（3）方法创新，中心分别与吉利汽车公司、柳州工程机械股份有限公司、上汽通用五菱汽车股份有限公司等创新性联合开发了"吉利人生""装载梦想""菱听心声"等系列课程，深度融合了专业课程与思政课程的装备制造类专业全新课程及其配套教学资源，由校企双方共同组成的教师团队在学生实习的岗位上完成课程的实施，做到了将课程思政改革内化至人才培养全过程。

4. 中心推动课程思政优质资源建设及其推广共享

中心围绕专业层面课程思政的现实需要，确保"旺工淡学、二元四阶"成蝶式人才培养模式与"实践（企业跟岗实习）—理论（校内理实一体化教学）—再实践（企业顶岗实习）"新三段式课程体系的落地实施，有针对性地建设了以下三方面的课程思政优质资源。

（1）围绕实践（企业跟岗实习）阶段建设的课程思政优质资源，在柳州工程机械股份有限公司、上汽通用五菱汽车股份有限公司、浙江吉利汽车公司分别建设了3个能同时容纳1500名装备机械类专业学生跟岗实习的校外课程思政场所。

通过校企合作共同开发了融职业道德、职业素养、职业精神、职业行为、吃苦耐劳、社会担当、家国情怀、价值塑造、职业技能于一体的"吉利人生""装载梦想""菱听心声"等12门特色的思政课程及其配套的教学资源。

经过校企共同培养打造了一批满足以上课程思政需要的实践导师。以"活页式教材"的形式开发了三十多项《汽车制造企业相对高端岗位能力分析表》（供学生每两周完成一项）。

校企共同开发了"优秀实习生评比""每周一星""月度综合优秀"等融入思政综合表现的评价体系。

在校内建设了一个"回炉式"校内跟岗实习基地，主要用于接纳经企业考核不合格而被淘汰退回的学生培养。

（2）围绕理论（校内理实一体化教学）阶段建设的课程思政优质资源，建设了8个融入思政元素、能实施理实一体化教学的专业实训基地。建设了15个融入思政元素的专业核心课程教学资源库。引企入校，建设了三个生产性实训基地。组建了一支由会思政的专业教师和柔性引进的企业能工巧匠共同组成的师资团队。建设了一个由省级以上专业技术能手、劳动模范组成的"工匠资源库"。整合校内资源，打造了一个集第一、第二课堂组成的"三全育人"平台。

（3）围绕再实践（企业顶岗实习）阶段建设的课程思政优质资源，与上汽通用五菱汽车股份有限公司、柳州工程机械股份有限公司共建了两个装备制造类专业现代学徒制人才培养基地。与柳州工程机械股份有限公司、浙江吉利汽车公司等多家合作企业联合开发了一套"实习时间累计计算并转化成工龄"的激励办法。学校建设的这些校内外课程思政优质资源，一方面长期为广西民族大学、广西职业技术师范学院等兄弟院校开放共享，另一方面举办了面向社会的各类培训班80多场次。

5. 中心开展校内外课程思政建设教师交流、观摩和培训

近三年来，中心不断整合学院优势资源，通过"走出去，请进来"等方式建立了全方位、多层次的教师培训与发展体系，面向全体任课教师针对课程思政能力提升开展了一系列学习、交流和观摩。据不完全统计，自中心成立以来，组织全体教师参加校内思政类培训学习200场次。组织全体教师参加校外参观、学习、观摩活动150余次。

相继邀请清华大学、金华职业技术学院等区内外职教专家学者、上级领导、名校大师就如何解放思想、担当实干，师德师风、党性修养、爱国奉献、思政能

力、教学教法等开展专题讲座培训。

中心组织全体专职教师参观学习了广西大学、南宁学院、陕西机电职业技术学院、江苏农牧科技职业学院等 50 余所区内外高等学校课程思政教学优秀成果和方法。

中心依托广西机械职业教育教学指导委员会、广西职业教育汽车类专业发展联盟、广西高校思想政治理论课多层级集群结对共建牵头单位等推广平台,先后面向广西职业院校装备制造专业带头人、专业骨干教师、青年教师开展了 30 多场"政课证融通""课程思政能力专项培训""课程思政背景下专业建设""课程思政背景下课程建设""课程思政种子教师培训"等课程思政专项培训,受训教师数达 1800 多人次,这些教师回到各自岗位上后,均在教学岗位上发挥出了课程思政"种子教师"的作用,在课程思政方面起到了"播下一颗种子,带动一片改革"的作用。

未来,中心还将结合广西装备制造行业发展特点和资源禀赋,着力打造一批具有创新性的课程思政教师队伍,做好汇聚专业课和学院思政课教师合力,积极推动教师课程思政建设能力整体提高,实现思政对各行业的牵引作用。

6. 中心探索建立课程思政建设质量评价体系和激励机制

中心积极探索将课程思政建设质量评价体系和激励机制有效融入人才培养质量评价总体系和总激励机制中。

(1)根据各类课程特点,将知识与技能、过程与方法、情感态度价值观三个维度赋予不同的权重对专业学生的学习效果进行评价,并由用人单位根据学生在岗位上的具体表现来检验课程思政的教学效果。

(2)分别制定了专业学生实践(企业跟岗实习)、理论(校内理实一体化教学)、再实践(企业顶岗实习)三个阶段不同的操行评定办法,并对各阶段表现优秀的学生与评定"三好学生""奖助学金""优秀毕业生""企业优秀实习生"等直接挂钩,对表现较差的学生予以重修甚至不予毕业的约束。

(3)将专业教师的课程思政能力与课程思政的效果纳入年度绩效考核指标,与年度评优评先、职称晋升、职级提拔、奖励性绩效工资分配直接挂钩。

三、交通工程学院以"三融"思路推进课程思政建设

交通工程学院在学校相关政策的引领下,以"三融"思路推进课程思政建设开展新的探索与实践。在开展课程育人改革创新过程中,始终站在"专业层面课程思政"的视域下,将企业工作岗位行动领域的思政标准有效转化为专业学习领域的思政内容,形成专业层面的课程思政体系,并以"融什么""融到哪""怎么融"为核心目标,指导开展每门课程的课程思政建设与实践。通过以"新能源汽车电池及管理系统检修"课程为例,详细介绍交通工程学院以"三融"

思路推进单门课程的课程思政建设以达到课程育人目标的实践过程。

（一）本课程的考核评价采用的主要方式为"过程性评价+终结性评价"

针对过程性评价，本课程进行了如下探索与实践。时间维度，参照 BOPPPS 有效教学法，设置了课前测试、课中学习任务参与及完成程度、课后测试等三学习阶段的过程性评价。空间维度，开设了第一课堂项目教学、第二课堂兴趣培养、校中企岗位实践、技能竞赛专项训练等四个空间，根据不同空间的学习效果形成过程性评价。人员维度，采取了学生自评、学生互评、专业教师评价、企业兼职教师评价、学校及二级学院层面教学督导等多元评价方式，形成过程性评价。

针对终结性评价，本课程进行了如下探索与实践。校企双方联合考核，由教学名师引领的专任教师+广西技术能手引领的企业技术专家组成考核团队，通过校企联合考核的方式完成课程最后的终结性评价。技能竞赛获奖成绩替换，参加各类技能竞赛的获奖选手，该课程的总评成绩可依据学校相关管理办法进行替换或加分。

（二）课程思政建设成效

2021 年 5 月，交通工程学院有"新能源汽车电池及管理系统检修"等 6 门课程获学校"课程思政"专项课题立项。

2022 年 6 月，"新能源汽车电池及管理系统检修"课程获推参评自治区级课程思政示范课程。

体现课程思政建设成效的教学设计案例获教学能力大赛国家级三等奖 1 项、自治区级一等奖 2 项。

每年毕业生就业率在 95% 以上，对口就业率达 80% 以上。学生就业后对岗位、单位的适应能力得到了用人单位的高度认可。

近三年陕西机电职业技术学院等 30 多所兄弟院校来二级学院参观交流课程思政及专业建设改革实践经验。

2021 年，交通工程学院凭借扎实有效的课程思政改革成效，获得广西高校首批"三全育人"示范院系称号。

参 考 文 献

[1] 陈敏生.新时期高校"三全育人"改革:南方医科大学的实践探索 [M].广州:中山大学出版社,2021.

[2] 吴玉程.新时代高校思想政治工作"三全育人"探索 [M].北京:知识产权出版社,2020.

[3] 刘义.新媒体时代下高校网络育人工作困境与路径分析 [J].高教学刊,2015 (17):234-237.

[4] 吴颖惠.构建以"育人"为核心的课程体系 [N].中国教师报,2019-03-05.

[5] 郭伟锋.地方应用型高校旅游管理专业校企协同育人机制探究 [J].产业与科技论坛,2020 (16):2.

[6] 袁千懿.新时代高校班级"五位一体"育人体系的构建 [J].重庆文理学院学报(社会科学版).2021,40 (6):11.

[7] 雷梦星.基于"三全育人"视域下高校党建工作与思想政治教育协同育人模式研究 [J].中小企业管理与科技,2020 (10):2.

[8] 蒋沈晗洋."三全育人"模式引导下的高校资助工作创新思考 [J].改革与开放,2019 (22):3.